AF508958

MAMÁ, ESTE ES TU LLAMADO A LA ACCIÓN

María Montero

MAMÁ, ESTE ES TU LLAMADO A LA ACCIÓN

Libérate de un trabajo rutinario, descubre tu propósito y disfruta tu maternidad

EDITORIAL
LETRA MINÚSCULA

Primera edición: marzo de 2025
ISBN: 978-84-1090-199-5
Depósito legal: B 7476-2025
Copyright © 2025 María Montero
Editado por Editorial Letra Minúscula
www.letraminuscula.com
contacto@letraminuscula.com

https://legadosbymariamontero.com/contacto/

A Martha, con todo mi amor para ti, mamá.
Gracias a quien eres, yo soy.

ÍNDICE

¿Para quién es este libro?.. 11

Lo que este libro **no** incluye.. 15

INTRODUCCIÓN 19

CAPÍTULO 1
¿QUÉ VES CUANDO TE MIRAS AL ESPEJO?............... 23
   Una falsa identidad 23
   Hay que ganarse la vida 26
   Libertad para elegir 28
   La acumulación.. 30
   El poder de lo inesperado 32
   La magia de la cotidianidad 34
   Reconciliándome con mi trabajo............................ 35
   La resistencia al cambio 37
   ¿Qué hago ahora? 41

CAPÍTULO 2

LA MAGIA DE REINVENTARTE 45

Adaptándome a un nuevo mundo 45

El peor enemigo de tus proyectos eres tú misma 47

El «fracaso» 49

Si quieres hacer reír a Dios, cuéntale tus planes 51

Vivir con pasión 54

Crear es superarse a uno mismo 56

A los demás les va mejor 58

Solo ganas si visibilizas tu trabajo 62

Atrévete a ser diferente 64

Vivir siendo quien eres 68

Redefine el éxito después de la maternidad 70

¿Debo cobrar? ¿Cuánto debo cobrar? ¿Puedo
vivir de esto? 73

CAPÍTULO 3

**EL EFECTO ACUMULATIVO DE LAS
PEQUEÑAS ACCIONES** 77

Espacio y tiempo personales 81

Priorizar con conciencia 83

¿Hacerlo todo a lo grande? 85

Los hábitos que jalonan la vida 87

Reconoce cuando tú eres el límite 90

CAPÍTULO 4

UNA VIDA BAJO TUS TÉRMINOS 93

¿Qué es suficiente? 95

Tú eres la responsable 97

Vivir desde tu propósito 99

¡Gracias! 105

¿PARA QUIÉN ES ESTE LIBRO?

Mientras me embarco en la aventura de compartir este libro contigo, es esencial aclarar el faro que guía nuestro viaje juntas. Este libro, una adaptación de mi obra *Este es tu llamado a la acción: Descubre tu propósito, decide qué hacer con tu vida y ¡empieza ahora!*, es una versión especial para madres. Está dirigido a mujeres como tú, que sienten el llamado a redefinir su vida personal y profesional, a aquellas que saben que hay algo más allá de los límites de un trabajo de tiempo completo, y que buscan encontrar un equilibrio entre su maternidad y sus propias aspiraciones. Es para ti si:

- **Buscas inspiración para dar el primer paso hacia un cambio significativo:** Si sientes que no quieres conformarte con una rutina laboral que te mantiene lejos de tus hijos y deseas descubrir tu verdadero propósito. Partiendo de mi propia historia, al atravesar por los dilemas que ahora tienes, *te ayudaré a reflexionar sobre tus opciones, definir lo que realmente quieres y empezar a tomar decisiones para cambiar tu vida.*

- **Deseas equilibrar tu maternidad con tus sueños:** Si te sientes atrapada entre un empleo que no te llena, el deseo de disfrutar más de tu maternidad y tus aspiraciones personales y profesionales, este libro te muestra que es posible encontrar un equilibrio. No tienes que sacrificar ni tu maternidad ni tus sueños; aquí aprenderás *cómo empezar a diseñar una vida en la cual tu maternidad no quede excluida y, al mismo tiempo, perseguir tus aspiraciones.*

- **Estás en la búsqueda de independencia:** Si sientes que tu empleo actual no te permite la flexibilidad que necesitas para estar presente en la vida de tus hijos, este libro es para ti. A través del cuestionamiento y estrategias prácticas, *tú misma empezarás a tener claro el camino que deberás seguir hacia la autonomía y el control de tu tiempo y tus recursos.*

- **Tus prioridades han cambiado con la maternidad:** Es natural que, con la llegada de tu hijo, tu perspectiva y prioridades hayan cambiado. Si ahora sientes que lo que antes te parecía esencial ha perdido relevancia y quieres *redefinir lo que significa éxito para ti*, este libro te guiará a sintonizar con esos nuevos valores y establecer un equilibrio entre tu maternidad y tus propios sueños.

- **Quieres explorar y probar nuevas actividades:** *Si tienes ideas o proyectos que no has desarrollado, este libro te anima a empezar.* Es un impulso para que des los primeros pasos en algo nuevo, sin salir corriendo a renunciar a tu actual empleo antes de que te sientas cómoda haciéndolo, y con la certeza de que no necesitas tener todas las respuestas al comienzo. Aquí te inspiraré a *probar y* *ajustar, sin la presión de obtener resultados inmediatos, pero con el enfoque en avanzar cada día.*

- **Buscas liberarte de la culpa por querer más para ti:** Si alguna vez te has sentido culpable por tener grandes sueños siendo madre, este libro te ayudará a transformar esa culpa en inspiración. Te convencerás de que es posible cumplir tus metas personales sin tener que sacrificar el tiempo con tus hijos.

LO QUE ESTE LIBRO NO INCLUYE

Aunque este libro está diseñado para ser una fuente rica de inspiración y guía, es importante reconocer que no abarca todos los posibles intereses y necesidades. Reconozco que alrededor de la maternidad hay un vasto océano de alternativas que llevan a múltiples destinos, y es posible que busques navegar en temáticas diferentes a las que exploraré aquí. Con todo respeto y cariño, este libro podría no ser la brújula que necesitas si tu búsqueda actual se enfoca en:

- **El embarazo:** Si requieres profundizar en el tema del embarazo y estás en la búsqueda de una guía que te acompañe a través de sus etapas, cambios y cuidados, existen maravillosos tesoros literarios dedicados a este viaje, llenos de sabiduría.

- **La crianza:** Aunque la maternidad teje el fondo de nuestro lienzo, este libro no se adentra en las técnicas, estilos y filosofías de la crianza de nuestros hijos. La crianza es un arte digno de exploración profunda, y si quieres indagar sobre ella, hay innumerables obras dedicadas a sus matices y belleza.

- **Persigues avanzar en una carrera profesional como empleada:** Si tienes una carrera profesional establecida y tu objetivo es avanzar en ella, obras que traten en detalle este tema pueden ser las más indicadas para ti. Porque lo que propongo en este libro se basa en la idea de que tu deseo es llegar a ser autónoma en algún momento.

- **Nivel avanzado en negocios:** Si ya eres una *freelancer*, emprendedora o empresaria con amplia experiencia, puede que este libro no sea el adecuado para ti. Está diseñado específicamente para madres que se encuentran en una etapa muy temprana, planteándose por primera vez la idea de trabajar de manera autónoma.

  Dado que esta obra se centra en plantearse las primeras reflexiones que abonen el terreno para hacer de la autonomía una posibilidad real, podrías encontrar que muchos de los conceptos aquí abordados ya forman parte de tu conocimiento.

  Entonces, aunque seguro que te puedes sentir identificada, este libro está pensado para aquellas que necesitan un empujón inicial para lanzarse a perseguir sus sueños desde cero, ya que les ofrece inspiración, motivación y una guía inicial para saber por dónde empezar.

Si bien algunos de estos temas pueden resonar contigo en algún nivel, y podrías encontrar útiles ciertos consejos, quiero que sepas dónde está puesto el foco en este libro para asegurarnos de que es el adecuado para ti, enriquecerá tu vida y te aportará un valor significativo. Está diseñado para *ayudarte a descubrir si deseas abrir campo en tu vida a la posibilidad de ser autónoma*, tomándote el tiempo de encontrar tu verdadero propósito, dedicándote a una actividad en la que te sientas plena y que te permita lograr un equilibrio para disfrutar de tu maternidad mientras persigues tus más altas aspiraciones personales y profesionales. ¿Empezamos?

INTRODUCCIÓN

Ser madre es uno de los momentos más transformadores en la vida que podemos tener como mujeres. La llegada de un hijo trae consigo un torrente de emociones, responsabilidades y, a menudo, un replanteamiento completo de nuestras prioridades y metas. De repente, ya no eres tú sola: hay un ser humano que depende por completo de ti. Así, en un santiamén, es posible que tu nueva realidad te abrume.

Este libro, el primero de una serie para mamás, tiene como fin ayudarte a navegar por estas complejas circunstancias y abrir tu mente a nuevas posibilidades. Se trata de una adaptación de mi obra *Este es tu llamado a la acción: Descubre tu propósito, decide qué hacer con tu vida y ¡empieza ahora!*, en una versión especial para madres como tú, que saben que hay algo más; que no quieren conformarse con un trabajo a tiempo completo que no les gusta y les impide estar más presentes en la vida de sus hijos; que desean descubrir y vivir sus vidas con verdadero propósito y tener una mayor autonomía, al tiempo que disfrutan a plenitud de ser madres.

Como mamá, sé que te enfrentas a desafíos únicos y constantes, tratando de equilibrar la crianza con tus aspiraciones personales y profesionales y tus responsabilidades familiares. Este libro, entonces, es tu musa inspiradora a través de ese proceso para que no desfallezcas. Te invita a hacer profundas reflexiones para autoconocerte, ganar confianza y hacer tu transición más fácil. Además, te inspira a reinventarte, definir lo que significa el éxito en tus propios términos y vivir una maternidad plena y gratificante.

La maternidad marca un antes y un después en nuestra vida, sin importar cuánto intentemos anticiparnos, planear, leer o intentar estar listas para la llegada de nuestros hijos. Nada puede prepararnos para este profundo cambio. Un sinnúmero de emociones intensas mezcladas y el sentimiento de amor en su estado más puro por estos pequeños que irrumpen con una fuerza avasallante en nuestras vidas cambian por completo nuestras prioridades, acaparan toda nuestra atención y transforman por completo nuestras rutinas.

Por lo tanto, junto con la alegría y el amor, vienen también para muchas la culpa y la tristeza por perdernos momentos importantes debido a nuestras responsabilidades laborales. Entonces, en mi caso personal, surgieron inquietudes como: «¿Deberé sacrificar mi maternidad por el trabajo, el tiempo para mi hija, o tendré que sacrificar mi trabajo?»; «¿Deberé renunciar en algún momento, enterrar mi carrera profesional?»; «¿Perderé mi ingreso, mi independencia?».

Entonces, me pregunté: «¿Cómo puedo encontrar un equilibrio que me permita ser una madre presente y también perseguir mis propios sueños?». A partir de ese momento, decidí emprender un camino en el cual he tenido más dudas que certezas, pero en el que también, por primera vez, me atreví a cuestionarme, a ir más allá de mis miedos e inseguridades, a actuar a contracorriente para averiguar lo que en realidad quería y a arriesgarme a hacerlo realidad. Por lo tanto, en este texto corto, concreto y ameno comparto esa experiencia, porque sé que puede serte útil en tu propio proceso.

Sin pretender ser una única verdad, este libro te inspirará a descubrir, a través de sus reflexiones, que todas las respuestas que buscas están en tu interior y solo las vislumbras cuando actúas. Te llevará a ver todo desde una nueva perspectiva. Te dará el empujón que necesitas para replantearte la manera en que te ves a ti misma, la forma en que percibes tus circunstancias de vida ahora, como madre. Te incitará a recuperar tu poder de crear una existencia gratificante, alucinante y extraordinaria, esta vez, ¡con tus hijos! Al Cambiar tu mentalidad y explorar nuevas alternativas que te permitan vivir de acuerdo con tus valores actuales y dar los primeros pasos hacia una nueva vida, te embarcarás en un camino que será fácil de seguir, porque será fiel a ti misma y te permitirá disfrutar de tu maternidad al tiempo que persigues tus más grandes sueños y aspiraciones.

CAPÍTULO 1
¿QUÉ VES CUANDO TE MIRAS AL ESPEJO?

Una falsa identidad

Crecí en un hogar de clase media con mucho amor, pero poca riqueza material, donde contábamos con lo esencial, sin permitirnos grandes lujos; los momentos que más atesoraba de niña eran las caminatas con mi madre para ir a recoger a mis hermanos pequeños a su jardín, jugar en el patio de la casa, patinar con los amigos de la cuadra o los viajes con mis padres para visitar a mis abuelos.

Para mi fortuna, el amor, los valores y la educación siempre fueron lo más importante; sin embargo, también formaba parte de una sociedad que en gran medida solo busca la abundancia en la dimensión material, y como consecuencia, en algún punto de mi juventud empecé a regir mi vida por este paradigma, estilo de vida en el cual lo material es lo único que existe, y la realidad quedaba limitada tan solo a lo que percibía a través de los sentidos. Competía en muchos ámbitos con los demás, y sentía que valía en función de lo que conseguía y mostraba en forma tangible.

Hasta ese momento, era la única forma de vida que yo conocía, pues, para la mayor parte de mi generación, significaba lo que se suponía debíamos hacer para tener una vida plena asegurada: ir a la universidad para lograr muchos títulos que nos permitieran conseguir un empleo estable con un buen salario, tomar una o varias hipotecas para tener una casa cada vez más grande, un carro cada vez más caro, adquirir muchas posesiones materiales y ciertos lujos.

Así, me embarqué en un viaje sin fin para intentar adaptar mi vida a estas expectativas, y de esta forma obtuve títulos, trabajé en el mundo corporativo y logré una carrera profesional medianamente exitosa. Esto en sí no tiene nada de malo, a menos que, como en mi caso, el único motivante para tomar estas decisiones fuera intercambiar mi tiempo por dinero, lo cual lo desvirtúa como medio que nos permite lograr bienestar y, en su lugar, lo convierte en un objetivo *per se*.

Sin embargo, cuanto más luchaba por satisfacer mis deseos, más egocéntrica me volvía, más infeliz estaba y más me desconectaba de mí misma, pues *cada vez tenía menos relación con mi humanidad y mi esencia, hasta que acabé perdiendo parte de mi ser en el hacer y el tener.*

Cuando me convertí en madre, este vacío se hizo aún más evidente. La falta de flexibilidad en un trabajo de tiempo completo y la falta de autonomía comenzaron a pesarme más. Dejar a mi hija en casa todos los días para ir a la oficina me llenaba de tristeza y culpa. Porque, sin percatarme, en mi subconsciente tenía arraigados los estereotipos que como sociedad tenemos sobre qué es ser una buena madre. Aquellos que niegan por completo nuestra individualidad. Aquellos que se crean a partir de juzgar, criticar y opinar sobre una situación que desconocemos por completo.

Esos estereotipos, en resumen, refuerzan los mensajes que nos desvalorizan como mujeres y la forma en que cada una de nosotras decide vivir su maternidad. Asumen que, aun como adultas, no tenemos la capacidad de tomar nuestras propias decisiones acerca de nuestra vida, familia y la forma en la cual criamos a nuestros hijos. Por tal motivo, escuchamos toda clase de «etiquetas» que minimizan el trabajo de las madres en casa, restándoles total importancia. Con la paradoja de que, si trabajamos fuera de casa, tampoco desaparecen, pues muchos nos consideran «egoístas» por ejercer nuestras carreras.

Por lo tanto, estos juicios sobre la maternidad golpean nuestra autoestima si permanecemos en casa y nos llevan a sentir culpa si deseamos o debemos trabajar. Incluso, en uno u otro caso, se llegan a cuestionar temas tan profundos como si nuestros hijos van a ser exitosos o felices si decidimos uno u otro camino.

Estos juicios y estereotipos comenzaron a generarme grandes dudas y, sumados a la falta de tiempo para disfrutar de mi maternidad y el estrés de equilibrar un trabajo de tiempo completo con las responsabilidades de ser madre, me llevaron a un punto de inflexión. Sentía que estaba perdiendo momentos irremplazables con mi hija y, al mismo tiempo, mi identidad se desvanecía en una rutina laboral que ya no me llenaba.

Reflexión #1

Haz una lista de las emociones que sientes en general respecto de tu vida laboral, en especial, en tus actuales circunstancias como madre: *¿frustración, rabia, hastío, aburrimiento, incomodidad, culpa, remordimiento, irritabilidad?* Hacer consciente lo que sentimos es un primer paso.

Hay que ganarse la vida

Esta fue una de las principales razones que me llevaron a emplearme una vez que terminé la universidad y también lo que posteriormente me ató durante mucho tiempo al trabajo tradicional que tenía. La responsabilidad de pagar las cuentas era una realidad innegable en mi existencia, pues todas en algún punto debemos asumir los compromisos derivados de nuestro estilo de vida y encontrar un medio para cubrirlos.

Al reconocer esto, no tengo arrepentimientos, pues no tiene sentido juzgar en mi presente las decisiones que tomé en el pasado, porque el entorno en el cual me desenvolvía y mis circunstancias eran diferentes. Tampoco tenía en aquel momento la información, la madurez ni la experiencia que ahora poseo, con lo cual la opción más viable era un trabajo estable. Muy estable, hasta que las condiciones de mercado empezaron a cambiar y provocaron que los empleos que antes considerábamos seguros ya no lo fueran.

Esa inestabilidad del mercado en aquel momento me producía un profundo temor a perder mi empleo; miedo que se incrementaba año con año, a medida que iba teniendo una mayor edad, porque, pese a que contaba con amplia experiencia en mi campo, era consciente de que mi compañía priorizaba la contratación de profesionales más jóvenes, a los cuales podía pagar menores salarios como una eficaz estrategia para disminuir su costo laboral.

Como madre, este temor y la responsabilidad se ampliaron aún más. Ya no solo éramos mi marido y yo, sino que ahora debíamos considerar los gastos asociados al cuidado y bienestar presente y futuro de nuestra hija. Desde pañales y ropa, consultas al pediatra, hasta su educación y actividades extracurriculares, entre otras, las necesidades de nuestra hija se sumaban a nuestras obligaciones financieras. Un cambio que, sin duda, transformó nuestra forma de abordar nuestro trabajo y nuestras finanzas, pues aumentó la presión por encontrar un equilibrio que nos permitiera cubrir todas estas necesidades sin tener que sumar horas laborales sacrificando nuestro tiempo.

Es así como ser madre no solo añadió nuevas responsabilidades, sino que también me llevó a reevaluar por completo mis prioridades financieras. Por consecuencia, tuve que garantizar mi ingreso tomando un papel más activo en la gestión y planificación de los recursos, invirtiendo inteligentemente no solo mi dinero, sino también el uso que le daba a mi tiempo. Tuve que educarme aún más sobre cómo hacer que el dinero trabajara para mí a largo plazo, y no al contrario, de modo que me permitiera costear el estilo de vida que deseaba tener con mi familia. Tuve que asegurarme el sustento que también me diera la posibilidad de tener una mayor flexibilidad y autonomía para pasar mayor tiempo con mi pequeña en un entorno de bienestar.

Bajo estas condiciones, *fue cada vez más evidente que no podía y tampoco deseaba pasar el resto de mi vida siendo empleada;* sin embargo, tampoco tenía claro a qué me podía dedicar, cuál iba a ser mi plan de vida y, mucho menos, cómo ejecutarlo. Pero empezaba a cuestionar cuál era la verdadera sustancia de mi existencia. Deseaba hacer algo que me hiciera saltar de la cama cada día, priorizar lo realmente importante y trabajar con un propósito real. Quería una vida que me permitiera disfrutar de la crianza de mi hija sin tener que renunciar a mis sueños y metas.

Reflexión #2

Sientes que, con la llegada de la maternidad, necesitas un cambio de actividad, pero no sabes con exactitud qué es lo que quieres. En la Reflexión #1 identificaste emociones vinculadas a la faceta laboral de tu vida. Para descubrir lo que quieres, es útil empezar a identificar la emoción vinculada a lo que haces: ¿qué sientes al realizar cada tarea?, *¿apatía, frustración, resignación* o, por el contrario, te entusiasma, te envuelve, lo disfrutas, quieres más?

Si eres consciente de lo que sientes, cada tarea te da una pista de lo que en realidad te gusta y disfrutas hacer.

Libertad para elegir

En este deseo coincidí años atrás con mi esposo, y nos planteamos la posibilidad de un retiro anticipado a los cincuenta; con ello en mente, comenzamos por revisar nuestra situación financiera, lo cual arrojó que debíamos controlar nuestros gastos y generar un mayor ingreso para lograrlo.

Esta visión futura y el firme anhelo de lograr nuestra independencia se convirtieron en un poderoso motor que nos llevó de forma acelerada a pasar del consumismo a una vida con más conciencia, ya que empezamos a ahorrar con el propósito inicial de invertir en finca raíz para llegar a generar una renta pasiva.

¿Por qué la finca raíz? Por nuestros empleos conocíamos las cifras del sector, el mercado hipotecario y sus riesgos inherentes. Ambos continuábamos siendo empleados y nuestra disponibilidad de tiempo era limitada, con lo cual, al contar con un buen agente inmobiliario, esta actividad no demandaba una mayor presencia.

El dinero que pudimos ahorrar en aquel momento nos alcanzó para la cuota inicial de un pequeño apartamento que nos sirvió de vivienda. Aunque esta primera inversión no se podía considerar como tal en estricta definición, fue la palanca de futuras apuestas, las cuales, gradualmente, con los años, pudimos ampliar y empezar a diversificar.

Con el tiempo, empezamos a recibir un ingreso pasivo, lo que disminuyó nuestro nivel de estrés, y la vida misma se volvió más liviana. Liberados del miedo de depender de una sola fuente de ingreso, pudimos ver nuestras circunstancias de una forma diferente y percibir nuevas oportunidades que antes no veíamos.

Aun así, seguía siendo un hecho que el grueso de nuestro ingreso dependía de nuestros empleos, y mi concepto personal de éxito continuaba ligado de forma estrecha a los posibles ascensos que podía tener en la compañía, a la acumulación de riqueza material y a algunos patrones de consumo hacia los cuales había generado apego.

Con ello, *continuaba trabajando largas y extenuantes horas sin siquiera disponer del tiempo para disfrutar de lo que lograba, poseía o consideraba realmente importante en mi vida,* como mi familia. Por consecuencia, la llegada de mi hija intensificó ese anhelo de libertad. Entonces, la idea de ser autónoma y tener control sobre mi tiempo se volvió aún más apremiante. Pero, para lograr esto, la actividad a realizar, fuera la que fuese, además de brindarme un ingreso, debía garantizarme autorrealización y satisfacción personal. Entonces, poco a poco, esta ambición de libertad y equilibrio se convirtió en una nueva brújula que me guio hacia las decisiones que priorizaran tanto mi bienestar como el de mi familia.

Reflexión #3

De forma inconsciente, manejamos el dinero como un recurso finito y utilizamos el tiempo como si fuera infinito.

Por ello, si costear tu actual estilo de vida con tus hijos aún no te permite pensar en la posibilidad de ser autónoma, responde a esta pregunta: ¿cuánto vale una hora de tu trabajo? Utiliza desde ahora esta nueva medida para saber cuántas horas de tu tiempo deberás trabajar para pagar cada una de las cosas que deseas y todo lo material que adquieres. ¿Merece la pena?

La acumulación

¿Frustrada? Sí, así era como me sentía con el proceso de acumulación que había llevado por años. La paradoja era que, en ese momento de mi vida, en apariencia, ya tenía todo lo que se suponía que quería, lo que había planeado y por lo cual tanto había trabajado, pero seguía faltando la sustancia en mi vida. La felicidad que, presumía, llegaría en mi profesión una vez que cumpliera ciertas metas se tardaba en llegar.

En este punto, incluso sentía que había perdido por completo el rumbo de lo que alguna vez había querido hacer, aquello que estaba en sintonía con mis valores y me hacía sentir plena, por lo que terminaba tomando decisiones impulsivas por las razones equivocadas.

Estaba nublada en parte por la alegría momentánea de los logros materiales, que, una vez alcanzados, me mostraban una y otra vez que ahí no estaba la felicidad. Sin embargo, sin ninguna reflexión, solo me fijaba nuevos objetivos en una búsqueda frenética de la felicidad en el exterior que bien pudo haber durado toda la vida.

Por supuesto que tener sueños, metas y planes no tiene nada de malo y es parte importante de nuestra existencia; el problema aparece cuando, en la búsqueda de estos objetivos, nos olvidamos de vivir y, de paso, hacemos a un lado lo que es en realidad importante, como nuestros hijos.

Entonces, nos aferramos a unas expectativas inflexibles de cómo, cuándo y dónde deben suceder las cosas, creyendo además que su cumplimiento es la única medida de éxito que tenemos y que nuestra felicidad depende de ello.

Fue así como, sin darme cuenta, llené mi día a día de ansiedad y estrés por la presión que sentía, producto de las obligaciones que me imponía de acumular títulos, posesiones y dinero. Imposiciones que, de no cumplirse, me generaban angustia, dolor, remordimiento y culpa.

En este proceso de acaparamiento sin fin, no hubo tiempo de deliberar para decidir si en realidad necesitaba lo que me proponía obtener y si era lo más conveniente para mí.

Con certeza, somos muchas las que hemos tenido alguna etapa en la cual, por diferentes razones, hemos dado prioridad a la acumulación material; el contrasentido se hace evidente cuando esto se convierte en nuestra única prioridad y deja de ser una herramienta para pasar a ser la vida misma.

Justo lo que empecé a sentir con mi propia existencia, que derivó en *una insatisfacción permanente que me llevó a cuestionarme si eso era en realidad la vida, un simple proceso de acumulación.*

Este autocuestionamiento se volvió recalcitrante, porque empecé a darme cuenta de que la acumulación material no solo me alejaba de mi anhelo de llegar a ser autónoma, sino que también me robaba tiempo valioso que bien podía haber dedicado a mi pequeña. De esta manera, sabía que, para estar más presente en su vida, debía replantear mis prioridades. Mi deseo de libertad y equilibrio no podía ser alcanzado acumulando más cosas, sino creando una vida dedicada a aquello que para mí tenía un valor real.

Reflexión #4

En esta parte te invito a realizar esta reflexión: una vez que alcanzas una meta, ¿ya estás pensando en la siguiente y sientes que siempre falta algo más?

El poder de lo inesperado

Desde mucho antes de ser madre, ya tenía una profunda insatisfacción por la manera en la cual se estaba desenvolviendo mi carrera, lo que estaba afectando también otros aspectos de mi vida; con este sentimiento, llegó lo inesperado. Por aquella época, mi esposo había decidido estudiar un máster, y parte de las clases tenían lugar en algunos días y durante horarios laborales. Fue entonces a pedir permiso para tal fin, pero le fue negado, y en su lugar su jefe le propuso postularse a una beca.

En ese momento, la propuesta de la beca nos alucinó. Manos a la obra: mi marido empezó a tramitar los documentos que se exigían en el proceso y a presentar los exámenes de validación requeridos para la postulación, y por mi parte confieso que, con mucho escepticismo, solicité una licencia no remunerada en mi trabajo para poder acompañarlo.

Pese a mi incredulidad, la licencia me fue otorgada sin mayor dificultad, lo cual interpreté como una señal de que ese era el camino que debía seguir. Desde ese momento, muchos meses transcurrieron y muchos avances se dieron hasta que se obtuvo la respuesta final: ¡le otorgaron la beca!

Aunque temporal, esto implicaba *un gran cambio en nuestras vidas,* pues, hasta ese momento, aunque habíamos tenido la oportunidad de viajar por placer, nunca habíamos vivido fuera de nuestro país, lo cual no solo representaba una invaluable oportunidad, sino la ocasión de poder disfrutar de un año sabático que *rompía por completo la monótona rutina en la que nos encontrábamos inmersos.*

Reflexión #5

Trata de imaginar cuál sería tu respuesta si en este momento alguien te hiciera una propuesta que implicara un cambio radical que te llevara a romper con todo lo que consideras conocido y familiar en tu vida. ¿Es genuino tu deseo de cambio?

La magia de la cotidianidad

Durante mi año sabático, viviendo en un país totalmente nuevo, sin la presión de la vida acelerada que llevaba y que yo misma me había impuesto, empecé a redescubrir la magia de la cotidianidad.

Así, pese a estar en una de las ciudades más extraordinarias del mundo, para mi sorpresa, encontré lo más placentero en las cosas más simples: disfrutar de una buena taza de café, ir al supermercado, cocinar, estudiar, conocer nuevas personas; todas aquellas actividades para las cuales en mi vida ya no tenía tiempo.

Además de extraordinaria, dicha ciudad es también una de las más caras del planeta, así que, con mi pareja, como estudiantes, el espacio que estábamos en capacidad de permitirnos era muy reducido. En adición, nuestro tiempo en el lugar sería relativamente corto, con lo cual solo adquirimos lo necesario para estar cómodos, sin excesos que abrumaran.

La paradoja de la situación era que lo que en una etapa anterior de mi vida hubiera considerado inconveniente, en ese momento, fue liberador. Nuestro lugar demandaba poco para ser siempre acogedor y prolijo, lo que me permitía disfrutar más de otras experiencias.

Fue así como gocé de más tiempo y, además, pudimos vivir con unos recursos financieros bastante modestos, ya que necesitábamos pocas pertenencias. En lugar de utilizar el dinero para acumular cosas, que era lo que hacíamos en casa, en ese momento no solo resultaba suficiente para nuestros gastos personales, sino que alcanzaba para destinar una parte a nuestros intereses: viajar, asistir a eventos culturales y deportivos, y hasta quedaba una parte para destinarla al ahorro.

Al vivir con unos recursos limitados, pero sin ninguna privación para nuestro propio deleite, cambió nuestro concepto de lo que el éxito y vivir bien significaban. De esta manera, la preocupación por el futuro y el miedo a la carencia, que materializábamos con la acumulación, también se desvirtuaron.

Al final, este fue un profundo conocimiento de mí misma, con el que ratifiqué que *necesitaba pocas pertenencias para disfrutar con plenitud mi existencia y que, más allá de las cosas materiales, es en la cotidianidad donde están los placenteros momentos que enriquecen la vida.*

Reflexión #6

Cuestiona lo que hoy tienes:
- ¿Lo necesitas?
- ¿Lo disfrutas?
- ¿Enriquece tu vida?
- ¿Representa lo que eres hoy en día?
- ¿Lo tienes porque lo vinculas al amor, a eventos o personas del pasado?
- ¿Lo tienes porque sientes que en el futuro lo vas a necesitar?

Reconciliándome con mi trabajo

Escalar la pirámide corporativa fue durante muchos años un objetivo profesional y llegué a cargos de gerencia media con bastante rapidez, pero alcanzar la alta gerencia se convirtió con el tiempo en un propósito lejano, ya que los cargos eran pocos y mínimas las posibilidades de una vacante.

Entretanto, con la experiencia de haber disfrutado de un año sabático y recibir a mi regreso el diagnóstico de una enfermedad como el lupus, muchas cosas habían cambiado en mi vida y también yo misma: el tiempo empezó a ser el recurso más valioso para mí, y la libertad para decidir qué hacer con él pasó a ser mi prioridad.

Así, para gozar de esta libertad y poder decidir qué hacer, tenía claro que debía permanecer unos años más como empleada, y con esta premisa sabía que un estilo de vida que generara un gasto excesivo aumentaría en consecuencia los años que estaría obligada a trabajar. Esta certeza me dio la tranquilidad para laborar más a gusto y comprender que mis más profundos anhelos poco se relacionaban con los ascensos y con el dinero como un objetivo *per se,* lo que me hizo ver mi empleo desde una nueva perspectiva.

No fue un cambio repentino que me hizo gustar más de lo que hacía; por el contrario, aún distaba mucho de ser una pasión, pero empecé a agradecer por el salario privilegiado que tenía, ya que era el medio que me permitiría en ese momento, y en el futuro, cumplir mis propósitos personales.

Entonces, ya sin el peso de las expectativas de años atrás, desaparecieron también las quejas. En su lugar, empecé a disfrutar de nuevo de aquellos aspectos que me gustaban de mi empleo e incluso de lo que en algún momento había sentido que detestaba, porque realizaba mis funciones desde la aceptación, entendiendo que eso era lo que se requería de mí en el momento.

Tras un año sabático, lleno de reflexión, aprendizaje y un cambio de perspectiva de vida, ratifiqué también la decisión que había tomado de ser madre. Este tiempo fuera de la rutina me permitió entender y valorar lo que realmente quería para mi vida y mi futuro.

Con esta nueva visión y claridad sobre lo que era importante para mí, comencé a prepararme para mi futura maternidad. Fue entonces cuando, con esta ilusión, todo empezó a fluir de otra manera: los problemas se resolvían con facilidad y los resultados se daban con un menor esfuerzo, en un ambiente más positivo que atraía las personas y las situaciones correctas a mi vida. Aunque *a priori* podría parecer que las circunstancias cambiaron a mi favor, pude corroborar que *fui yo la que cambió*.

Reflexión #7

Tu vida es el producto de tus decisiones, no de tus circunstancias; por eso, si algo no te gusta, solo tienes estas opciones: aceptarlo, cambiarlo si está en tus manos hacerlo o tomar la decisión de apartarte.

¿Qué decisión tomas hoy?

La resistencia al cambio

Al asumir mi vida tal como era, disminuyeron los lamentos y empecé a disfrutar cada día con más tranquilidad. Aprendí a diferenciar las circunstancias sobre las cuales podía intervenir para solucionarlas de aquellas que no dependían de mí y que debía aceptar para poder evolucionar.

En este estado de mayor tranquilidad, bienestar y comodidad, llegó nuestra hija y nos transformó la vida de manera profunda y significativa. La cotidianidad, que ya había aprendido a apreciar, se enriqueció aún más con su presencia. Cada día con ella era un nuevo descubrimiento, una nueva fuente de alegría y motivación: sus primeras sonrisas, sus logros. Cada momento con ella en esta primera etapa de su vida fue invaluable. Así, en este nuevo capítulo de mi historia, la maternidad no solo me brindó una inmensa felicidad, sino que también reafirmó mi decisión de vivir con mayor bienestar, satisfacción, salud y calidad de vida.

Con este sentimiento de plenitud, meses después, ocurrió un nuevo cambio: mi marido fue expatriado. Por lo tanto, poco antes de finalizar ese año, en diciembre, en cuestión de días, debí renunciar y negociar mi retiro con mi empleador, empacar todas nuestras pertenencias y viajar con mi hija pequeña rumbo a nuestro nuevo país de residencia. Pese a estar ubicado en mi región, lo conocía poco, pero sentí una conexión inmediata con el lugar, el cual, a pesar de las similitudes culturales con mi tierra natal, en muchos aspectos, me obligó a cuestionar mis creencias, abandonar todo lo conocido y adoptar un nuevo estilo de vida asumiendo una función diferente. El cambio que por tantos años había anhelado se había dado de forma abrupta y me abría paso a una nueva vida.

En ese momento, aquello me llenaba de ilusión, pero, aunque hasta entonces me consideraba una persona abierta que asimilaba bien las modificaciones, al mismo tiempo me atemorizaba: era como un remolino de emociones mezcladas.

La resistencia al cambio se manifiesta en cada persona en situaciones y formas diferentes. En mi caso, al poco tiempo de la mudanza, me vi un día sin nada que ponerme, y no por el infantil capricho de no escoger nada, como sucede a veces, sino porque el vestuario que tenía no se ajustaba para nada al clima ni era funcional para mis nuevas rutinas: tenía abrigos, bufandas y suéteres perfectos para un clima frio, pero de nada me servían en el hermoso clima primaveral en el que vivo ahora; botas que me protegían de la lluvia, pero poca oportunidad tengo de caminar en la calle; ropa ejecutiva adecuada para el mundo corporativo, pero no para la comodidad de mi casa y mis tareas diarias, en especial, ahora que pasaba mucho más tiempo con mi hija, lo que implicaba dedicar espacios en mi agenda para corretear detrás de ella, tirarnos juntas al suelo a jugar y ensuciarnos con pintura de vez en cuando.

Sabía que debía actualizar mi vestuario, pero me tomó más de un año hacerlo porque con miles de excusas postergué la tarea «por si acaso» necesitaba algo más adelante, cuando la temperatura bajara; «por si acaso» requería ir a algún evento o reunión, porque algunas cosas me quedaban bien o había invertido mucho dinero en ellas. Así transcurrieron más de dieciocho meses, en los que doné de a poco todo lo que no había vuelto a usar.

Hasta que, por fin, un día me di cuenta de que no era aquella ropa a lo que me aferraba, sino a lo que para mí suponía dejar: mi ciudad, mi país, mi vida como ejecutiva, mi estilo, las personas con las que había compartido; todas las etiquetas que me identificaron y que ya para ese momento solo eran gratos recuerdos de mi pasado.

Etiquetas de todo lo que creía ser en mi vida pasada, que me limitaron durante tantos años de la posibilidad de tener nuevas vivencias debido a que veía el mundo desde lo que creía que era, mientras me perdía de cientos de oportunidades de experimentar la vida tal como sucede y de ver las cosas de una manera diferente.

Puesto que solo veía lo que esperaba ver, seguía creando los mismos resultados una y otra vez, producto de una mentalidad sesgada por el miedo al cambio que me negaba la oportunidad de tomar nuevas decisiones.

Comprendí entonces por qué el desapego a las cosas materiales nos cuesta tanto: porque las vinculamos a nuestras emociones más profundas, a un tiempo vivido, a personas, a lo que fuimos. Un poco lo que nos ocurre cuando somos madres, que pasamos por una fase en la cual muchas de nuestras necesidades pasan a un segundo plano y priorizamos las de nuestros hijos.

Así es como muchos aspectos de nuestra vida, por no decir todos, cambian de alguna manera, y en medio de estos cambios vamos perdiendo por momentos la percepción de nosotras mismas. Entonces, en nuestra mente se inicia una lucha constante por descifrar quiénes somos ahora vs. las que solíamos ser. Cuesta mucho darnos cuenta de que no somos lo que nos hacen creer las etiquetas que nos vinculan a nuestro pasado.

De esta manera, solo cuando lo logramos conectamos con el presente y podemos reconciliarnos con nuestro nuevo papel de madres que buscan también su autorrealización. Es entonces cuando nos permitimos aprender, vivir esta nueva experiencia y correr nuevos riesgos para reinventar nuestra vida.

El desapego, que muchas veces, como en mi caso, empezó por lo material, es un concepto mucho más profundo que nos llevará a ver este cambio como una oportunidad para *dejar ir el pasado y trazar una nueva ruta,* viendo todo desde una nueva perspectiva, relativizando las cosas y *dejando espacio en nuestras vidas para que entre lo nuevo que nos llevará a evolucionar como mujeres y madres.*

Reflexión #8

¿A qué quieres abrir espacio en tu vida?

¿Qué hago ahora?

Tras el caos de meses que produjo trasladarme a mi nuevo país y adaptarme al lugar, también llegaron la ilusión y la aventura de lo nuevo. Así, en cuanto pude organizarme en mi nueva casa, con mi esposo ya trabajando de lleno y mi hija iniciando su etapa escolar, pude contar con el tiempo que en mis décadas como empleada tanto había deseado y que ahora, en consecuencia, me daba la oportunidad de decidir qué hacer durante esas horas del día.

Una decisión que *a priori* puede parecer fácil, pero en la práctica no lo es, pues nunca antes en mi vida había tenido ese tiempo, y el cambio ocurrió tan rápido que no pude pensar en ello. Fue entonces cuando, en una conversación casual, una persona conocida me sugirió que, *si no sabía qué hacer, emprendiera la acción en todo aquello que despertara interés en mí*. ¡Brillante consejo!

Ahora bien, como sé lo que puedes estar pensando, vamos a hacer un alto. Porque sé que es tentador creer que, al igual que yo, para hacer grandes cambios en tu vida, también necesitas que algo externo suceda, como una propuesta alucinante, un cambio de ambiente o ganarte la lotería. Sin embargo, te puedo decir que, aunque este fue mi caso particular, no debes esperar que los grandes cambios en tu vida sean externos ni abruptos. Mi experiencia me enseñó que las transformaciones más significativas son las que se gestan en nuestro interior, algo que me hubiera gustado comprender antes, ya que me hubiera ahorrado décadas de conformismo, inacción e insatisfacción.

Por ello, no *esperes a que los cambios provengan de afuera*, porque lo que al final realmente cuenta es tu disposición de hacer realidad tus anhelos cuanto antes. La transformación no siempre llega con un giro drástico. Por el contrario, la mayoría de las veces, los cambios trascendentales que se convierten en un punto de partida para una nueva vida se dan a partir de la toma de una decisión consciente y una férrea determinación de actuar.

La realidad es que los cambios externos pueden servir como catalizadores, pero no son imprescindibles. Tu vida no tiene que dar un vuelco para que puedas crear algo nuevo. Esa misma conversación, con ese brillante consejo que alguna vez tuve, como una serendipia que me impulsó a explorar diferentes intereses, puede ocurrirte en cualquier momento, sin importar dónde te encuentres. De hecho, el que hayas escogido este libro entre millones, y lo estés leyendo, puede ser esa serendipia que estabas buscando. La clave no está en el entorno, sino en tu disposición para detectar esos guiños que la vida te da.

Guiño que, en mi caso, fue lo que me llevó a ser consciente de que esta vez no tenía impedimentos ni nada que perder para emprender la acción decidida en varias actividades, lo que me permitió ir enfrentando los miedos que en el pasado se manifestaban mediante excusas. Entonces, en esta ocasión, ya sin ningún pretexto de por medio, pude derrotar la dilación para poner en marcha múltiples proyectos. Porque, al final, la manera más fácil para descubrir tus puntos fuertes es probar cosas nuevas.

Entonces, en lugar de esperar a que algo externo provoque el cambio que tanto deseas, empieza por explorar esos intereses con lo que tienes a tu alcance ahora mismo. Lo importante es crear un espacio para la experimentación y dar ese primer paso, aunque no tengas claro aún hacia dónde te diriges.

Reflexión #9

Si no sabes qué hacer, identifica todo lo que genere en ti interés: algo que tienes ganas de aprender; lo que hace una persona que admiras, que te inspira o a la cual sigues; una afición o aquello que atrae y despierta tu curiosidad, pero para lo cual nunca has tenido tiempo.

Sé consciente de todo lo que llame tu atención en tu cotidianidad, por absurdo, improbable y alocado que te parezca; puede no estar relacionado con la actividad con la cual te ganas la vida o con aquello en lo que tienes experiencia.

CAPÍTULO 2
LA MAGIA DE REINVENTARTE

Adaptándome a un nuevo mundo

Así, siendo ahora madre, en la cuarta década de mi vida y tras casi veinte años de trabajar como empleada, el mundo al cual me enfrentaba había cambiado sin lugar a dudas.

Un nuevo mundo que me daba la oportunidad de reinventarme por medio de crear diferentes rutinas personales, familiares y laborales. Con nuevas formas de ejecutar, propiciar nuevas relaciones y cuestionar por completo mis formas de pensar.

Esta nueva situación me permitió afrontar nuevos proyectos y darle a mi vida el toque suficiente de reto para ser interesante: tiempo a solas, flexibilidad horaria para disfrutar con mi hija, descanso para ser productiva y libertad total para ser creativa y poner a prueba mis ideas.

No sin obstáculos, logré vencer el miedo y, ¡por fin!, lanzarme, acometer y, lo más importante, no sucumbir en el intento. De ninguna manera puedo decir que fue fácil, pero sí enriquecedor, hasta el punto de empezar a transformarme.

Así, en mi búsqueda, el primer proyecto que me animé a emprender fue el de vender productos en línea. Esa decisión cortó de tajo con las actividades en las que alguna vez había trabajado, que me resultaban seguras y conocidas, por lo que me convertí en una aprendiz novata.

Se trataba de una nueva realidad, en la que mis títulos ya no eran garantía de una carrera exitosa y la mayoría de los conocimientos que había adquirido para lograrlos ahora eran obsoletos. Esta vez el sistema educativo no me ofrecía lo que necesitaba frente a los avasallantes cambios del mundo actual; me enfrentaba a una nueva perspectiva, en la que el aprendizaje permanente había recobrado importancia y los títulos habían perdido su relevancia como forma de validación externa.

Empecé a experimentar de primera mano la realidad de que, en un mundo hiperconectado, los conocimientos que adquirimos son reevaluados casi a diario, y la manera de aprender no siempre involucra las opciones tradicionales. Así, las nuevas habilidades que necesitaba las obtuve por medio de cursos en línea, *workshops*, *ebooks*, *webinars*, *vlogs*, blogs y *podcasts*. Estos medios, en conjunto, han sido los precursores de *mi disposición permanente a aprender como habilidad adaptativa* que ha revolucionado mi vida.

Nuevos tiempos. Aterrador, pero al mismo tiempo ¡alucinante!

Reflexión #10

Teniendo en cuenta los intereses que identificaste en la
Reflexión #9:

- ¿Qué te impide emprender la acción en ellos?
- ¿Sientes que necesitas aprender algo?
- ¿Podrías aprender lo que necesitas por medio de opciones no tradicionales? Te invito a investigar si algunas de ellas podrían ser gratuitas o de bajo costo.
- ¿Podrías dedicar el equivalente a treinta minutos diarios, repartidos a lo largo de tu semana, para aprender?

El peor enemigo de tus proyectos eres tú misma

Para ese momento, ya la vida me había llevado a un nuevo país, había renunciado a mi trabajo y, con la premisa de que no tenía nada que perder, estaba acometiendo nuevos proyectos, al tiempo que seguía aprendiendo a equilibrar mis actividades con mi maternidad.

Sin embargo, en el camino resurgió todo el ruido mental, las voces internas que me decían que no era lo suficientemente buena, que no tenía los conocimientos ni las habilidades, que no contaba con todos los recursos, que era vieja para empezar, que me consiguiera un trabajo real porque ahora tenía la responsabilidad de una hija, que aquello era una total tontería y que iba a fracasar.

Aunque, en apariencia, había salido de mi zona de confort, cambiar de mentalidad y aprender a lidiar con mis emociones y mis miedos fue un largo proceso. Al traer de nuevo a mi vida la creatividad, abría también la puerta a la incertidumbre, que me producía vacío, sensación de pérdida de control e incomodidad.

Tuve entonces que obligar a mi cerebro a ir más allá de todo lo conocido para no sucumbir en mis intentos. De no lograrlo, mi mente regresaría a todos los patrones y hábitos mal aprendidos, asumiendo que no podría cambiar la identidad que había formado a lo largo de los años y, por lo tanto, lo que hasta entonces yo misma creía que era mi esencia como persona.

Así, escuchar lo que me decía a mí misma era mi mayor riesgo de fracasar, pues reforzaba mis creencias, según las cuales nada llegaría a mi vida si no era por medio del arduo esfuerzo que implicaba un sacrificio, por lo cual la misión sería imposible. Me reiteraba que, si nunca antes había logrado convertirme en autónoma, mucho menos ahora que era madre. Además, constantemente me recordaba que no tenía una tradición emprendedora en mi familia y que tampoco contaba con todos los recursos para iniciar, y para mi intelecto la única medida del éxito era el dinero.

Me di cuenta entonces de que el mayor impedimento para salir adelante con mis proyectos era yo misma, ya que, *ante los obstáculos, no tendría la fuerza suficiente y el coraje de continuar si no era consciente de lo que me decía para ser capaz de desconectarme de mi propio ruido mental.*

Reflexión #11

Cierra tus ojos por un momento y observa los pensamientos que pasan por tu mente cuando te planteas hacer algo nuevo. Toma el tiempo que quieras y respira profundamente.

Para la mayoría de nosotras, todos esos pensamientos involuntarios son nuestro ruido mental. Observar esos pensamientos, siendo conscientes de no engancharse con la emoción que generan, es el primer paso para calmar nuestra mente.

El «fracaso»

Para mi fortuna, el primer proyecto que emprendí no tuvo éxito desde un punto de vista financiero; y no me malinterpreten: no es que no quisiera ganar dinero.

Después de aprender a moverme en el mundo digital, descifrar el algoritmo de mi *marketplace* para que mis productos se ubicaran en la primera página, encontrar las mejores palabras clave, gestionar eficaces campañas de mercadeo, crear una marca, tener un diseño único y vender en Estados Unidos importando desde China mientras estaba en un tercer país, justo cuando empezaba a tener algo de ganancia, una serie de circunstancias simultáneas e inusuales me sacaron del mercado.

Sin embargo, lo que en el pasado hubiera juzgado como un fracaso, en ese momento, lo asumí de una manera diferente: sentí como si la vida me estuviera cerrando una puerta, pero al mismo tiempo abriendo las correctas.

Siendo honesta, este proyecto repetía los patrones del pasado, pues el objetivo de emprenderlo había sido ganar dinero. Y si bien eso no tiene nada de malo, al ser el único fin, aunque agradecía todo lo que con él había aprendido, carecía del sentido de propósito superior que yo buscaba.

Por eso digo que para mi fortuna no fue viable, pues, aunque en una actividad diferente, repetía el viejo patrón de intercambiar mi tiempo solo por el dinero. Ahora, con la certeza de que justo esto *era lo que no quería*, sabía que mi búsqueda iba mucho más allá de lo monetario y se trataba más de una evolución personal.

Pero, para lograrlo, debía trascender el concepto generalizado sobre lo que significa tener éxito, tanto en el ámbito profesional como en el personal. Debía ser consciente de que este supuesto «fracaso» no era más que una señal de que debía aclarar qué era lo que en realidad quería en mi vida y redirigir mis esfuerzos hacia ello. Entonces, en lugar de verlo como el fin de un sueño, era una oportunidad de encontrar el camino correcto.

A pesar de los obstáculos, me negué a dejarme frenar y nunca vi mi papel de madre como una limitación. De hecho, La maternidad había inculcado un nuevo sentido de propósito, empuje y determinación a mi vida, lo cual había aumentado mis niveles de resistencia y capacidad para sortear los desafíos.

Esta vez, entonces, estaba decidida a romper el *statu quo* y soltar mis rígidas expectativas para dejar que la vida me sorprendiera; tomando todo con calma, sin dejar de actuar, pero disfrutando el paso a paso del proceso.

Así, de forma gradual y constante, obtuve grandes logros, que, más allá del resultado financiero inmediato, trajeron consigo un cambio en mis decisiones personales y como madre. Quería adoptar un nuevo estilo de vida y construir una mejor y más auténtica versión de mí misma.

Reflexión #12

Puede que, aunque hayas emprendido la acción, te encuentres con la sensación de que no era lo que esperabas y quieras continuar la búsqueda de ese propósito superior, pero sigues sin saber qué quieres.

Lo que con seguridad sí sabes es lo que *no* quieres. Entonces, defínelo, tenlo claro, porque te pondrá en el camino de encontrar lo que quieres.

Si quieres hacer reír a Dios, cuéntale tus planes

¿Quién no ha hecho resoluciones? Plantearse objetivos, intentar perseguirlos y dejarse guiar por ellos es parte esencial de la vida. Sí, ¿qué sería de los seres humanos sin esos deseos?

Sin embargo, la realidad es que, con el pasar de los meses, nos vamos desanimando si la brecha es muy amplia entre nuestra expectativa y el resultado. Y aun si logramos cumplir algunas de esas metas, siempre queda una sensación de frustración si el desenlace no era el esperado.

Como planeadora compulsiva en rehabilitación, me di cuenta de que la mayoría de mis objetivos se formulaban en términos de posesión, apariencia, lucro, perfeccionismo y competencia, en lugar de centrarse en el aprendizaje, el bienestar y el disfrute de la vida en sí misma.

En adición, dichos propósitos me llevaban a no aceptarme, a negar mi presente y sentir que nunca era suficiente, aunado a la ansiedad que me producía la necesidad de control permanente de un futuro que es imprevisible.

Y aunque la ambición no tiene nada de malo —y por supuesto que este principio de vida no tiene que ser el tuyo—, si te sientes identificada y compartes la frustración por las expectativas no cumplidas, es importante *direccionar nuestros deseos en función de cómo queremos sentirnos.*

De esta manera, en una senda por descubrir dónde estaba esa chispa, empecé un viaje de observación e introspección personal que incluyó muchas actividades fallidas.

Así fue como la escritura empezó a ganar espacio en mi día a día. Esa actividad simultánea que realizaba al margen, más como una afición y un proceso de catarsis de mi propio proceso de vida, era para lo que siempre estaba de ánimo y dispuesta, incluso sin ninguna paga en un periodo prolongado, por el simple placer que me generaba durante el tiempo que pasaba haciéndolo.

Al abrirle espacio a la escritura, sin saberlo, di un gran paso en el camino que me llevaría a encontrar mi propósito de vida, ya que, *al soltar las expectativas fijas que tenía, estaba aceptando que no hay uno, sino miles de futuros posibles y que las oportunidades siempre están allí cuando se sabe observar.*

Reflexión #13

Siempre que te plantees objetivos, metas, un resultado o listas de pendientes, hazlo con relación a *cómo te quieres sentir en el proceso*. La escritura, en aquel momento, me permitió sentir esa plenitud en todos los aspectos de mi vida.

Habrás notado que, cuando mencioné la escritura, dije que era para lo que siempre estaba de ánimo y dispuesta, pero, además, fue una actividad que también me permitió estar presente en la vida de mi hija en sus más tiernos años.

Porque, como madres, es importante que nuestras metas siempre involucren a nuestros hijos para sentirnos plenamente realizadas, lo cual es imposible si ellos están excluidos de nuestras aspiraciones.

Entonces, si hay en tu vida algo similar a mi conexión con la escritura, que te llena y te hace sentir bien, compaginando al mismo tiempo todos los aspectos importantes de tu vida, como tu maternidad, tratarás de pasar más tiempo en ello. Así, el resultado se convierte en una consecuencia de la acción, pero no es el fin en sí mismo.

Por ello, cuando elabores tu lista de objetivos, recuerda siempre poner al final una viñeta más y déjala en blanco; de ese modo, te darás permiso para abrir tu mente a una posibilidad que, tal vez, nunca te habías planteado.

Vivir con pasión

En este punto, hubiera querido contarte una linda historia de cómo descubrí mi pasión, decirte que siempre lo supe, que recibí una señal o que sentí una llama interior que me impulsó. En mi caso, no fue así: nunca lo supe y ni siquiera tuve una pequeña pista.

Sin embargo, sí ha habido algo presente a lo largo de mi vida: el profundo deseo de expresar mi creatividad. Volví a recordar ese deseo con la llegada de mi hija a mi vida, pues en ella me veo reflejada, ya que de niña me permitía bailar, imaginar que era cualquier personaje, pintar, inventar cuentos y concebir a partir de cualquier elemento.

Además, para mi fortuna, tanto en mi familia como en las instituciones donde estudié se fomentaba el libre pensamiento, lo cual permitió que, por medio de las ideas, saliera a relucir mi capacidad creadora, privilegio que ostenté hasta mi etapa universitaria. A partir de ahí, a excepción de algunos trabajos que tuve en mis inicios, al emplearme en grandes corporaciones intenté expresar mi creatividad en muchas ocasiones, incluso de manera insubordinada e irreverente.

Sin embargo, al final, estas compañías me fueron absorbiendo y yo lo permití, por lo que me convertí en una empleada anónima más, que, pese a tener grandes ideas, se las guardaba con tal de no ser tachada como una rebelde. Grave error. Desde entonces, creí que para expresar mi creatividad dependía de la aprobación de los demás.

Aun así, nunca dejó de atraerme todo aquello mediante lo cual los seres humanos manifiestan lo que para mí es sublime: la posibilidad de crear. Por eso, me deslumbran las brillantes ideas transformadoras, un descubrimiento científico, todas las formas de arte y diseño, los oficios ancestrales, y siento una profunda admiración por todas aquellas personas qué han hecho de su expresión creativa su pasión y su forma de vida.

Fue así como, siguiendo aquel mágico consejo de desarrollar todas las actividades que despertaran interés en mí, avivé de nuevo en mi vida la curiosidad. Y la rememoro en cada instante con mi pequeña, con esa mirada curiosa de la niñez, en la que todo es nuevo, y su oleada de preguntas: «¿Qué es eso?», «¿Cómo se dice?», «¿Por qué?». Entonces, observándola, me di cuenta de qué fácil es como adultas olvidar que hay todo un mundo que aún está por descubrir. Por lo tanto, convertí la maternidad en una fuente de aprendizaje e inspiración constante. Un propulsor de mi crecimiento personal que avivaba esa mirada curiosa en mi vida.

Entonces, bajo esta nueva perspectiva fue como, entre muchas de las acciones que emprendí, la escritura resultó ser una morada para la creatividad. Así, lo que empecé más como una afición, sin la intención de dedicarme a eso, se fue convirtiendo poco a poco en una actividad en la que el tiempo pasaba casi sin percatarme, pues lo hacía embebida en ella.

Por lo tanto, contra todo pronóstico, pese a no tener relación con mi formación profesional, la experiencia que tenía, los títulos que ostentaba, y sin una visión clara respecto a cómo la escritura podría generar un ingreso, esta actividad se fue colando y ganando su espacio a tal punto que fue la única que con el tiempo prevaleció. *Generó a su paso un círculo virtuoso de actividad creativa* que me permitió aprender, mejorar la técnica y definir mi estilo personal, por medio del cual *expresé mi ser auténtico, rescaté mi individualidad y saqué a relucir mis particularidades,* lo que luego se transformó en *un deseo genuino por compartir* lo que en principio escribía para mí misma.

Reflexión #14

En la actualidad, ¿qué es eso que te gusta hacer, se te da fácil y provoca que el tiempo transcurra sin percatarte? ¿Qué es eso que harías sin que te pagaran y continuarías haciendo por simple placer, sin importar si es un éxito o un fracaso?

Crear es superarse a uno mismo

Soñar en grande no tiene nada de malo, ¿o sí?

Por supuesto que no, a menos que, como yo, lo uses como una excusa. En mi caso, mi errada interpretación de soñar en grande, sumada a un rasgo de personalidad perfeccionista y una baja tolerancia al riesgo, me llevaban siempre a situarme en la carencia.

Siempre me hacía falta algo para alcanzar lo que soñaba: mis conocimientos no bastaban; tenía que prepararme en algo; el dinero no era suficiente; no conocía a las personas indicadas; no tenía el lugar adecuado; siendo mamá, no me daba la vida, y la lista podría continuar sin fin.

De hecho, si no somos conscientes, la maternidad puede convertirse en nuestra excusa más frecuente, porque terminaremos creyendo que es nuestro mayor obstáculo. Nos convenceremos de que no tenemos tiempo, energía o recursos para seguir nuestros sueños porque estamos ocupadas siendo madres. Sin embargo, esto solo refuerza nuestra creencia de que la maternidad nos limita, cuando podemos convertirla en una fuente de inspiración y motivación.

Ahora recuerdo que, cuando emprendí mis proyectos, pensaba que la maternidad y las carencias que creía tener serían mi mayor freno. No era consciente de que mi impedimento real no era ser madre, ni aquello que me faltaba, sino que esta percepción era la manifestación del miedo albergado en mi subconsciente.

Luego entendí que ese miedo que sentía aparecía siempre cuando intentaba hacer algo nuevo y que es un compañero de viaje que no te abandona nunca, solo se transforma y se presenta en una nueva forma en cada etapa. Miedo a descuidar mis responsabilidades como madre, al error, a exponerme, a la crítica, a vender e incluso a cobrar por mi trabajo, entre muchos otros. En mí, ese miedo se materializaba de muchas maneras: por medio de excusarme en mi papel de madre, el perfeccionismo, la dilación para empezar y la búsqueda de validación externa.

Cuando tuve la determinación para actuar, aprendí a convivir con mis miedos, y la única manera de superarlos fue mediante acciones pequeñas, pero cargadas de tanta intencionalidad que diluyeron la dilación al poner mi atención en el proceso y no en el resultado.

Con los graduales pero constantes avances que estas acciones diarias me permitieron conseguir, comprobé que el miedo que siento no es real y solo está en mi cabeza, mientras que yo gano confianza al vivir un día a la vez.

No creas que ha sido un camino sin tropiezos: con la acción, llegaron los desafíos personales y profesionales, y también los errores, que ahora sé que son parte del proceso; sin embargo, al asumirlos y aprender de ellos como algo normal en el desarrollo de los proyectos, pude aterrizar mis expectativas y me abrieron la puerta para escapar de mis excusas, lo que me permitió *lograr resultados tangibles sin caer en la trampa de desperdiciar mi tiempo y energía en metas inalcanzables.*

Reflexión #15

¿Procrastinas? Observa qué justificaciones te das a ti misma para no entrar en acción y escríbelas. Para cada una de esas justificaciones, recrea el peor escenario que podría presentarse si actuaras asumiendo a plenitud tu papel de madre y sin tener todo aquello que crees que necesitas. Te presento a tus peores temores: empieza a conocerlos y a convivir con ellos, pues nunca desaparecerán.

A los demás les va mejor

Como la mayoría de las personas en un contexto racional, entiendo la insanidad que conlleva compararnos con los demás; soy capaz de reconocer que poco o nada bueno tiene, porque la mayor parte de las veces no lo hacemos desde la admiración o la inspiración.

Así, al empezar a emprender nuevos proyectos, a menudo y casi sin darme cuenta me encontré comparándome con los demás. En especial, en todo aquello que podía ver, como sus ganancias, sus apariciones en medios, sus reconocimientos, sus talentos, en una carrera sin fin en la que mi apuesta siempre era la perdedora.

Esas comparaciones no cesaron con la maternidad, ya que existe una enorme presión social para que seamos esta ilusión que nos han vendido acerca de lo que es «una mamá perfecta». Una expectativa idealizada y poco realista de lo que es la maternidad que nos lleva a creer que deberíamos manejar, en apariencia sin ningún esfuerzo, la crianza de nuestros hijos y todas las responsabilidades del hogar sin ayuda alguna, al tiempo que sacamos adelante una carrera profesional exitosa. Y, como si fuera poco, se nos exige que estemos a la vanguardia con los estándares de belleza y forma física que se nos imponen. Presiones que crean para muchas de nosotras un estándar insostenible que nos genera un sentimiento de insuficiencia.

Como consecuencia, al compararme con los demás, solo veía lo que consideraba mis deficiencias, por lo que, apelando a mis inseguridades, asumía que las otras personas eran mejores que yo. Además, esto me hacía perder mi propia esencia, ya que, de forma inconsciente, pretendía imitar lo que los otros hacían y la forma en que lo hacían.

Este mal hábito tenía su detonante en las redes, donde ponía mi foco en lo equivocado, por lo que drenaba mi energía de las acciones que debía realizar para mejorar mi propia vida y atraía sentimientos de inferioridad y competencia.

Por este camino, solo me enfocaba en sentirme miserable por lo que creía eran mis defectos. Además, estaba convencida de que mi realización personal residía en lo que ahora no tenía, por lo que me privaba por completo de ver mi evolución y de tener una conducta de gratitud y satisfacción por lo que ya era, hacía y alcanzaba a diario.

Hasta que un día vi la grabación de una conferencia impartida hacía doce años por una de las escritoras que más admiro. En esa época, ella, que también es madre, estaba iniciando su carrera, y su nerviosismo era evidente: le temblaba la voz, se le caían las tarjetas con sus notas y tenía dificultades para expresar con claridad las ideas.

Ese video me hizo comprender que no importaba con quién comparara mi vida: sus circunstancias siempre se verían mejor en el presente. Yo siempre llegaba al final corto sin profundizar en la trayectoria, los fracasos y el esfuerzo que les había costado llegar allí: en el caso de esta escritora, más de una década de su vida y ocho libros publicados para disfrutar del éxito que hoy había alcanzado.

Entonces, rápidamente llegué a un punto de inflexión donde reconocí que debía alejarme de toda esta presión y de la idea de ser «perfecta». Había cambiado tanto que mis niveles de resistencia y mi capacidad para luchar contra lo superfluo me habían sorprendido. Experiencia, en parte, adquirida por la maternidad, que me había inculcado un nuevo sentido de propósito, impulso y determinación, y me había hecho poner el foco en lo que realmente es importante en la vida.

Por lo tanto, hoy en día, no temo fallar, llorar, enfrentar el fracaso o sentirme abrumada. Soy compasiva conmigo misma porque me veo como el ser humano que soy, y comprendo que puedo experimentar momentos de impaciencia o enojo. Tampoco temo que mi hija me vea en estos vulnerables momentos, porque quiero ser para ella un ejemplo de humanidad real, alejada de esos arquetipos idealizados que tanto daño nos han hecho a todas. Hoy reconozco que no tengo todas las respuestas, que no soy perfecta, y acepto que, a veces, necesito ayuda y debo pedirla. De esa manera, le muestro que solo soy una mamá real que tiene buenos y malos momentos y que también se equivoca.

Por lo tanto, aceptando mi propia vulnerabilidad e imperfección, pude dejar de compararme y empezar a tener una mirada diferente del otro para valorarlo. Así, en vez de que las personas exitosas me generen inseguridad, en la actualidad, por medio de lo que hacen y logran, me demuestran que es posible; y por consecuencia, ahora las identifico como personas brillantes que llegaron a reconocer sus talentos únicos y han logrado ganarse la vida y contribuir al mundo haciendo lo que aman. Esto me dio la confianza para creer que yo también puedo conectar con mi pasión para crecer de un modo creativo, construyendo un nuevo paradigma.

Entendí entonces que, aunque la creatividad no viene con una garantía de éxito, me inspira a trabajar con alegría y perseverancia en mi propósito y me compromete a dejar mi mejor y más auténtica contribución al mundo. Una contribución única, pues comprendí que *hay muchos ámbitos en los que la competencia es relevante, pero la vida no es uno de ellos, y mi objetivo no es ser mejor que los demás, sino ser yo misma* para que mi atención y energía se concentren en la persona correcta: yo.

Reflexión #16

¿Te comparas con otros? ¿Qué sentimientos atrae eso a tu vida? *¿Miedo, inseguridad, envidia, inferioridad? ¿Te sientes incompleta o crees que no eres tan buena?*

Entonces, ponte a investigar su trayectoria a lo largo del tiempo: mira sus primeros trabajos; cuándo empezaron; qué han hecho; cómo lo han hecho; qué miedos, inseguridades, dificultades o rechazos han tenido.

¿En qué te podrías identificar con su historia? Úsalo como inspiración para entender que tú también puedes lograrlo, pero luego ten la valentía de soltarlo para empezar tu propio camino.

Solo ganas si visibilizas tu trabajo

Suena obvio, lo sé, pero en un principio mi trabajo llegaba solo a unos pocos amigos y a la familia porque no me atrevía a darlo a conocer a un público más amplio.

Sin embargo, aun en este pequeño contexto, no me escapé de las burlas, los comentarios sarcásticos, las personas escépticas y aquellos que buscaban etiquetar mi nueva actividad.

En lo que recuerdo como un evento particular, una persona que acababa de conocer me preguntó a qué me dedicaba. Le comenté que tenía dos blogs y me encontraba escribiendo mi primer libro. Me respondió: «¡Ah, claro! Es que tú no trabajas». En un primer momento, creí entender que se refería a que yo, a diferencia de ella, no era empleada de tiempo completo.

Junto con mi esposo, pasé el día entero con esta persona, y en varias ocasiones volvió a hacer el mismo comentario, lo que sin duda captó mi atención, más por lo reiterativo que porque me haya molestado. Con el pasar de las horas y luego de profundizar en la conversación, ella fue aclarando su comentario: lo que había querido decir era que se sentía atrapada en su trabajo y que, aunque lo deseaba, no tenía tiempo para hacer lo que en realidad le gustaba.

Justo entonces comprendí que la mayoría de las veces esos comentarios, críticas o burlas que en algún momento pude haber percibido como una forma de agresión, en realidad, hablaban más de la persona que los emitía y de cómo interpretaba el mundo que de mí misma.

Esta experiencia me ayudó también a aceptar, primero, que mi trabajo llegaría a quien debía llegar y a quien pudiera serle útil para enriquecer su vida, pero nunca sería del gusto de todos; de hecho, el deseo de gustarle a todo mundo es solo una pretensión utópica de mi ego.

Segundo, a reconocer que, aunque de forma arrogante creyera que las personas estarían pendientes de lo que yo hacía, la realidad me demostraba que, en un mundo apresurado como en el que vivimos, pocos tienen tiempo de pensar tanto en ti.

Y tercero, a ser consciente de que mi proyecto no podría ser viable solo con mi círculo cercano. De allí la importancia de vencer el miedo a hacerlo visible y comprender que parte del proceso de exponerse es aceptar que, junto con los reconocimientos, llegarán también los malos comentarios: señales inequívocas de que había vencido el miedo.

Acometí, expuse mi talento, y aunque esto no es por sí mismo una garantía de éxito, sí representa la posibilidad de lograrlo, porque ganar confianza en mí misma era el primer paso para liberarme de mis inseguridades. Ahora soy consciente de ellas y de que puedo superarlas, ya que son una cuestión de perspectiva y representan una gran carga de creencias subjetivas sobre mí misma.

Exponer mi trabajo me dio, además, la oportunidad de dirigirme a las personas que tenían una probabilidad real de interesarse en lo que escribo, lo cual me permitió recibir su opinión directa y sincera para construir valor alrededor de lo que esperan.

Así, al poner en práctica diversas maneras de exponer mi trabajo, apoyándome en la facilidad con que contamos hoy con la tecnología, los mismos lectores me fueron guiando para encontrar el balance entre lo que yo quería ofrecerles y lo que en realidad esperaban.

Adquirí entonces *la certeza de que hacer mi trabajo visible era la única posibilidad que tenía de llegar a convertir mi pasión en mi futura forma de vida*, porque, aunque no fuera mi objetivo inicial, sabía que lograrlo me permitiría pasar más tiempo en esta actividad que me hacía tan placentera la vida.

De esta manera, hoy es claro para mí que las personas compran a quienes ven, sienten que conocen y en quienes confían. Por lo tanto, para nosotras, aun siendo madres, con un tiempo limitado, es crucial darnos a conocer y hacer visible nuestro trabajo. Y lo podemos lograr teniendo un claro objetivo y siendo estratégicas en nuestros esfuerzos. Este tema lo desarrollo con mayor detalle en el segundo libro de esta serie: *Proyecto mamá: realiza tus sueños, impulsa tus proyectos, alcanza el éxito y disfruta ser madre.*

Reflexión #17

¿Te limitas a tu entorno cercano o expones tu talento de alguna forma: Internet, redes sociales, ferias del sector, publicaciones, eventos o alguna clase de publicidad que te permita darte a conocer?

Si no lo haces, ¿qué te impide hacerlo?

Hoy en día existen recursos y formación gratuita que te ayudan a empezar. De nuevo, pregúntate, entonces: «¿Qué me impide hacerlo?».

Atrévete a ser diferente

Si, por cualquier razón, una vez fuiste madre, dejaste por un tiempo tu actividad laboral, este capítulo te vendrá como anillo al dedo ahora que quieres iniciar de nuevo. Porque sé que la transición de volver al ruedo puede ser desafiante, pero es posible y gratificante.

Entiendo que, incluso si te retiraste por un breve periodo para dedicar ese tiempo a tus hijos, esta nueva etapa de tu vida puede parecer abrumadora. Sin embargo, la maternidad nos imprime un nuevo sentido de propósito y responsabilidad, y nos pone en relieve todas las habilidades y competencias que ya teníamos, en adición a las que hemos desarrollado siendo madres, las que, sin duda, nos han hecho crecer como personas y profesionales.

Esto me recuerda mi experiencia, todo aquello que sentí hace unos años cuando empecé esta senda. Incursionaba en un nuevo mundo sin ser una nativa digital. Cuando inicié mi vida laboral, el *curriculum vitae* impreso era mi carta de presentación para acceder a una entrevista de trabajo, y funcionaba. Encajar en los estereotipos sociales, tener ciertas habilidades, formación y experiencia laboral, sin duda, abonaban el terreno, y así conseguí emplearme.

Hasta que todo cambió y en el mercado empezaron a escasear las buenas fuentes de trabajo, o, como en mi caso, pese a tener un buen empleo, había pocas posibilidades de ser promovida, con la paradoja de que poseía varios títulos; sin embargo, dejé a un lado la disposición permanente de aprender porque creía que ya lo sabía todo.

Peor aún: el medio laboral en el que me movía me implicaba tan poco reto que me hacía creer que era una experta, aunque la realidad era que, con esta supuesta pericia, cumplía una función, pero no aportaba ningún valor real a los demás.

En todo caso, algo que siempre he tenido claro es que soy una persona muy creativa: siempre pienso cómo se pueden mejorar las cosas, me asalta la curiosidad, me gusta aprender y desarrollar nuevas habilidades. Por lo tanto, a diario tengo muchas ideas, lo que hace unos años se quedaba en eso, simples ideas, muchas de ellas escritas en papel, difícilmente recuperables y, mucho menos, materializables.

No obstante, determinada a crear mi nueva vida, una vez que me decidí a tomar acción en lo que se sentía bien en mi corazón, fue fascinante y casi mágico ver la manera en la cual todos mis intereses y mis ideas se fueron alineando, y todo aquello que había quedado relegado en mi pasado fue emergiendo y reafirmando su propósito. La vida me hacía un guiño para encontrar mi camino.

Así, mi profesión como administradora de empresas sentaba la base de mi proyecto para una futura forma de vida; mi especialidad en mercadeo cobraba nueva existencia por medio del mercadeo digital; el inglés me permitía devorar todo el conocimiento plasmado en este idioma, me abría puertas con nuevos contactos y podía interactuar con personas en cualquier parte del mundo; el diseño interior, que había estudiado durante mi año sabático, imprimía su sello en la estética de mis publicaciones, y todo lo que había aprendido en mi negocio fallido de ventas en línea me servía para posicionar mi libro en múltiples plataformas. Nada de lo que había aprendido en mi vida había sido en vano, y ahora todo cobraba por fin sentido.

De esta manera, mediante la acción, pude combinar mis intereses y construir una carrera dinámica, desarrollando activamente nuevas habilidades, explorando diferentes áreas y facetas insospechadas; nunca mi trabajo había sido tan rico y pleno, con una sensación expectante de que no todo está escrito ni todo ha sucedido aún.

Por otra parte, la maternidad me ha enseñado el valor de estar enfocada, la gestión del tiempo y la resiliencia, habilidades que no solo son valiosas en el ámbito personal, sino que las he podido transferir al profesional. Ser madre me ha dado una perspectiva única, paciencia y una capacidad de empatía que antes no tenía. Cada desafío, cada logro y cada pequeña victoria en la crianza de mi hija han sido una lección de vida que ha enriquecido mi carácter y mi capacidad para enfrentar el mundo con una visión renovada y fortalecida.

Es así como abordar estos frentes me hizo embarcar en un proceso profundo de introspección personal para saber quién soy, qué me gusta y en qué soy realmente buena. En este camino, empecé a descubrirme a mí misma y a compaginar la maternidad con mis nuevas actividades en el proceso paralelo de construir mi propuesta de valor para los demás.

Era claro entonces que, en un mercado globalizado cambiante y complejo, en el cual había decidido empezar desde cero, era justo ese mi gran reto: poder diferenciarme de los demás. Para lograrlo, para poder crear una conexión real, debía mostrarme de forma humana, creíble y auténtica, con la certeza de que lo que hago, el mensaje y el medio a través del cual lo muestro son coherentes con quien soy y están alineados con mis valores.

Hoy, mis predictores de éxito son diferentes y se definen desde mi propio concepto de éxito personal, que ahora incluye a mi hija como uno de los pilares de mi vida, para *mostrar mi individualidad, destacando aquellas particularidades que, ahora sé, me hacen irrepetible,* lo que solo ocurrió cuando tuve el coraje de ser diferente y, en muchos aspectos de mi vida, ir a contracorriente.

Reflexión #18

Aunque este proceso implica un largo camino de introspección personal, empieza por plantearte estas preguntas:

¿Quién eres después de ser madre?

¿Qué te gusta ahora?

¿En qué eres buena?

Vivir siendo quien eres

Requerí de coraje, autoconocimiento e introspección para ser yo misma y dejar atrás las máscaras sociales y las etiquetas que creía me definían. En este proceso pude reconocer que, aunque no soy una persona tímida, soy introvertida.

Reconocerme como tal tuvo un gran impacto porque tal vez este era uno de los aspectos que más negaba en mi vida; así, pude darme cuenta de que, aunque no soy una persona asocial, priorizo la compañía de mi familia y, pese a que no soy ermitaña, disfruto mucho más estar en mi hogar o en espacios públicos tranquilos que en lugares concurridos.

Pude interiorizar que necesito los momentos de silencio y soledad para estar conmigo misma porque me conectan con mi esencia y me equilibran; que resguardo mi intimidad como un tesoro; que una vida sencilla y reservada tiene un gran valor para mí y que, en lugar de los afanes, prefiero el sosiego. Empezar a vivir como la persona introvertida que soy fue liberador.

Esa libertad implicó una alta dosis de osadía, ya que va en contravía de una sociedad que venera la vida rápida, que asume que estar ocupado es sinónimo de ser importante y exitoso, e incita a exponer nuestra vida privada y a socializar más de lo que muchos estamos dispuestos a admitir que nos gusta.

En consecuencia, este viaje de autodescubrimiento no solo me ayudó a aceptarme y valorarme más, sino que también me permitió reconocer que mi maternidad es una parte crucial de mi vida. Ser madre no solo me ha llenado de amor, alegría y plenitud, sino que también me ha permitido acercarme más a ser quien soy. Aspecto que no solo ha sido valioso en la crianza de mi hija, sino que también ha sido el cimiento de una toma de decisiones y un hacer más consciente.

He comprendido que la plena satisfacción no se mide solo por logros profesionales o materiales, sino por la capacidad de vivir de acuerdo con mis valores y prioridades, siendo fiel a quien soy. Autenticidad que, además, me ha permitido crear una conexión genuina con los demás, basada en la coherencia.

Esta nueva forma de vivir, lejos de invitarme a la pasividad, me anima, ahora más que nunca, a la actividad, priorizando mi maternidad, mis relaciones, siendo selectiva en mis acciones y enfocando mi energía hacia lo fundamental. Como consecuencia, invierto mi tiempo en lo que tiene importancia, como es estar presente en la vida de mi hija, y mi cotidianidad transcurre con la vivencia real de cada momento, con calma, conexión, felicidad y equilibrio en mi día a día. Esto no implica, por supuesto, olvidarme de mí misma y mis necesidades, por lo que reservo amplios espacios de reflexión y soledad para mi proceso creativo.

Una decisión que, ahora siento, *es coherente con lo que soy y proyecto a los demás,* ya que me siento más liviana, feliz e incluso saludable viviendo mi verdad, pues a la larga es la única manera de ser auténtica para compartir mi vida con mi hija permitiéndole que conozca quién soy realmente.

Reflexión #19

¿Cuál es esa faceta que te ha obligado a usar máscaras sociales para encajar en la sociedad?

Tal vez eso que has coartado u ocultado por tanto tiempo revela lo que te hace única e irrepetible; particularidades que a la larga son lo que nos atrae de los demás cuando ponen de manifiesto su autenticidad. Es simple: ¡vive desde lo que eres!

Redefine el éxito después de la maternidad

¿Qué imagen viene a tu mente cuando hablamos de una persona exitosa? Para la mayoría, se trata de un concepto cultural aceptado y socialmente generalizado, estrechamente relacionado con el poder, la fama, la belleza, la riqueza material y algunos patrones de consumo.

Sin embargo, somos cada día más las personas que logramos tener todo lo que se suponía nos haría exitosos, entendiendo el éxito como un resultado feliz y satisfactorio, pero en su lugar sentimos un gran vacío.

Esta sensación es producto del concepto distorsionado de éxito que tenemos arraigado, el cual consiste en perseguir una meta que es imposible de cumplir, porque siempre habrá alguien con una mejor casa, un mejor auto, más rico, más bello, más poderoso, más famoso… Una cumbre inalcanzable; además, el concepto de éxito es masificado de forma hábil por la publicidad para vendérnoslo como un atributo que presumir a los demás.

Es entonces cuando con facilidad caemos al pretender ascender en una pirámide socioeconómica con vidas impulsadas por el consumo, con jornadas que transcurren trabajando largas y extenuantes horas en ocupaciones sombrías que poco nos gustan, solo para terminar con más estrés, ansiedad y vacíos, sin siquiera poder disfrutar de los bienes materiales que adquirimos.

Sin embargo, después de convertirnos en madres, nuestras prioridades cambian, y es esencial ajustar nuestra definición de éxito para que refleje esta nueva realidad. Emerge en nosotras esta nueva necesidad de volcarnos hacia lo importante en nuestra vida, lo que, seamos honestas, es imposible cuando no controlamos nuestro recurso más preciado: el tiempo.

En ese momento, puede surgir o profundizarse una gran insatisfacción, ya que nos damos cuenta de que estamos viviendo bajo una noción de éxito que ya no es la nuestra. Un punto de inflexión en nuestra vida, que da inicio a una transformación en la que tenemos que deshacernos de las imposiciones sociales. Es entonces cuando la maternidad resulta una experiencia transformadora que redefine todas las áreas de nuestra vida, incluyendo nuestra percepción del éxito.

Redefinir el éxito, entonces, implica encontrar un balance entre nuestras nuevas responsabilidades como madres y nuestras aspiraciones personales y profesionales. No se trata de elegir entre ser una madre presente o una profesional exitosa, sino de integrar ambos aspectos de nuestra vida de una manera satisfactoria.

Por lo tanto, debemos comprender que el éxito no es un destino, sino un camino que vamos construyendo. Así, en lugar de centrarnos con exclusividad en los resultados, aprendemos a valorar el viaje, esta vez en compañía de nuestros hijos, mientras celebramos los logros y avances de cada día. Esta perspectiva nos ayuda a mantenernos motivadas y a apreciar el crecimiento y la evolución que experimentamos como madres y como profesionales.

De esta manera, es preciso medir el éxito después de la maternidad en función de nuestra felicidad y bienestar, y el de nuestras familias. Es así como, si nuestras acciones y decisiones nos llevan a una vida más plena y feliz en los aspectos cruciales de nuestra vida, podremos decir que hemos alcanzado el éxito. Esto puede significar pasar más tiempo con nuestros hijos, trabajar en proyectos que nos apasionen y vivir de una manera que nos haga sentir realizadas y en paz con nosotras mismas. Es decir, *tu propia definición significativa de éxito desde lo que eres, haces y tienes, para lograr tu único y personal resultado de ser feliz.*

Reflexión #20

Cierra los ojos, concentra tu atención en la respiración e imagina un día cotidiano de tu vida en el que te sientes plena, tranquila y feliz sin una razón particular.

- ¿Dónde te encuentras?
- ¿Con quién estás?
- ¿Qué estás haciendo?

Abre los ojos y recuerda pequeños detalles y las emociones que sentiste. Tal vez ahí está lo que te ayudará a definir lo que en tu vida significa el éxito, es decir, el único y personal resultado feliz para ti.

¿Debo cobrar? ¿Cuánto debo cobrar? ¿Puedo vivir de esto?

A medida que avanzaba en esta aventura de acometer proyectos, seguía confirmando que los retos a los que me enfrentaba tenían que ver más conmigo misma que con el exterior, un viaje de autoconocimiento y crecimiento personal que tal vez no tiene fin. En este sentido, pese a los mensajes que recibimos a diario, producto de una fiebre emprendedora en los medios, que nos llevan a creer que todos podemos ser ricos de la noche a la mañana y que quien no gane millones es un fracasado, la realidad es que tomar la decisión de convertirme en autónoma para hacer lo que me gusta pasó primero por tener un colchón financiero que me permitiera hacerlo.

Sé que nunca me habría arriesgado sin contar con los medios que el patrimonio construido me dio, ya que contar con esos recursos me permitió desbordar mi creatividad sin tener que pasar las noches en vela pensando cómo pagar mis cuentas, más aún cuando era responsable de una familia. Esta situación personal, sin duda, añade una capa adicional de presión y exigencia, pues, como madres, no se trata solo de garantizar nuestra supervivencia, sino también de asegurar el bienestar y la estabilidad de nuestros hijos.

Así, aunque tengo total certeza de que muchos autónomos lo han hecho sin contar con ninguna reserva, en mi caso, pasar los meses sin que llegaran los recursos para subsistir me hubiera desenfocado por completo, la ansiedad me habría hecho trizas y la paciencia requerida para dejar madurar mis proyectos se me hubiera agotado.

La paciencia me ha permitido aprender de las derrotas y celebrar los éxitos con una alta dosis de humildad. Además, la humildad me da la claridad para entender que el dinero es una posibilidad real producto de conectar y aportar valor a los demás en una relación recíproca entre el dar y el recibir; es decir, no es un fin *per se*, sino el medio de intercambio en dicha relación.

De esta manera, llegó un momento en que, aunque deseaba convertir esto en mi forma de vida, me pregunté si debía cobrar por mi trabajo. ¿Acaso esto que empecé a hacer como una afición podía ser una fuente real de ingresos?

Fue entonces cuando me enfrenté de nuevo al miedo: «¿Debo cobrar?», «¿Cuánto?», «¿Alguien estará dispuesto a pagar?». Miles de dudas que sacaron a la luz todas mis creencias inconscientes de no merecimiento. De esta manera, mientras yo luchaba con todo lo que para mí hasta ese momento habían sido certezas en mi existencia, que actuaban con fuerza de verdad, el proyecto empezaba a tomar forma: tenía ya una audiencia creada y, por la receptividad que había encontrado, era cada vez más claro que estaba generando valor.

Sin embargo, yo no tenía aún claro quiénes eran estos primeros lectores que se interesaron en mi trabajo y desconocía de qué forma mis escritos, que son en esencia el relato creativo de mis vivencias, estaban llegando a sus vidas. Y ese conocimiento era vital para hacer la transición hacia una propuesta tangible que les aportara aún mayor valor y por la cual, dentro de esta recíproca relación, estuvieran dispuestos a pagar. En consecuencia, tuve que volver a mirar hacia dentro para empezar a ver mi actividad ya no como una afición, sino como una posibilidad real que se convirtiera en una forma de vida. Debía tener claro por qué y para qué escribía y qué fin quería lograr, cuidando que la forma fuera fiel y coherente conmigo misma y me permitiera, además, mantener el estilo de vida que había decidido llevar.

De esta definición nació mi primer libro, innovador desde su concepción de texto de superación personal escrito, como mujer que soy, no solo para mujeres, sino para todos. Además, lo hice sin usar un seudónimo neutral, lo cual me habría permitido, como estrategia para generar mayores ventas, no identificar mi género .

Mi primera obra contiene un mensaje concreto de fácil y rápida lectura. Además, como escritora, tomé el riesgo de no esperar a ser elegida por una editorial tradicional, por lo que decidí autopublicarme para mantener intacta la esencia de mi obra, manejar los derechos y términos y cuidar la manera en la cual llegaría al público. De esta forma, conseguí que el mensaje llegara al mayor número de personas sin que el precio o las limitaciones geográficas fueran un impedimento; que alcanzara de una forma respetuosa a quien sintiera que lo necesitaba, sin recurrir a ninguna estrategia de manipulación, invasión o persuasión. Por otra parte, utilicé un manejo de comunicaciones y redes más pausado y reflexivo, coherente con mis valores, sin perder el objetivo de mostrar mi trabajo, lo cual me permitió llegar a aquellas personas a las cuales podría aportarles valor.

Sé que las apuestas que hice fueron riesgosas en su momento, pero me han permitido llegar a quienes mi mensaje resuena en cualquier parte del mundo, algo que nunca pude siquiera imaginar en mis mejores sueños.

Así, pude comprobar que, más allá de ser la actividad a la cual me dedico, al *lograr tener un impacto positivo real en la vida de los demás*, esto que hago resulta ser superior a mí misma: me da el sentido de propósito que nunca había tenido mi existencia. Lejos de ser solo una fuente de ingresos o mi forma de vida, era lo que siempre había estado buscando para mí: un sentido de misión.

Reflexión #21

Pregúntate:

- ¿Qué deseas que sea tu actividad? ¿Una fuente de ingresos, tu forma de vida o tu misión?
- ¿Qué problema real resuelves?
- ¿Tu idea se puede transformar en un producto o servicio tangible?
- ¿Brinda una solución real, por la cual las personas están dispuestas a pagar?
- ¿Cómo se diferencia tu oferta? ¿En qué es mejor, más atractiva? ¿Qué haría que estas personas pagaran por ella?
- ¿Tienes claro quiénes son esas personas y por qué se identifican contigo (sus sueños, motivaciones, intereses, etc.)?

CAPÍTULO 3
EL EFECTO ACUMULATIVO DE LAS PEQUEÑAS ACCIONES

A medida que mi hija iba creciendo, pasaba en la escuela más tiempo, y lo que en principio eran unas pocas horas, ahora me permitía contar con la mañana para mis proyectos. Fue así como en 2019 prioricé, además de mis blogs, publicar mi primer libro, ¡todo incluido!: *Cómo ser feliz cuando el dolor y los desafíos forman parte de la experiencia* (Spanish edition, https://amzn.to/3m3yy3, Edición: www.triunfacon-tulibro.com). Ahora bien, no puse una fecha límite, ya que, al ser la primera vez que me embarcaba en dicha hazaña, desconocía el tiempo que me podía tomar hacerlo.

Sin embargo, lo que sí hice fue establecer dos horas diarias en mi agenda, en un horario en el cual no fuera interrumpida, para dejar de lado cualquier tipo de distractor y dedicarme con total exclusividad a escribir, teniendo esta actividad como la más importante e irremplazable de mi rutina de trabajo.

De allí, en orden de importancia, seguían las publicaciones semanales en mis blogs, la revisión del correo electrónico, llamadas telefónicas, actualización de redes sociales, atención de otros proyectos laborales que manejo y gestiones personales. Para todas estas tareas solo contaba con dos horas adicionales, por lo cual ponía toda mi atención en ellas sin descuidar ningún aspecto.

Una rutina muy diferente a la de años atrás, cuando en un trabajo de tiempo completo la mayoría de mis días transcurrían en el agotamiento de los temas «urgentes» e interrupciones, con la frustración de no poder hacer lo que tendría un impacto en mi gestión para realizar un aporte real en mi día.

Ahora, a mitad de la jornada, mis días eran más provechosos y logrados, con grandes espacios de silencio, reflexión y creatividad; me podía permitir cuidar de mi salud y todas las tardes las podía dedicar a estar con mi hija y compartir con mi esposo una vez que llegaban a casa. Mi vida era plena, satisfactoria, sencilla y tranquila, tal como la quería; con tiempo para mí misma y para disfrutar con mi familia.

Así también, pese a la vulnerabilidad de mi cuerpo con una enfermedad autoinmune que mermaba a diario mi energía, me las había arreglado para hacer más con menos y estaba en una etapa bastante productiva.

Había empezado 2020 con mucha ilusión y tenía varios proyectos que ya estaban andando. No obstante, para marzo reafirmaba lo que ya había aprendido con mi enfermedad: que la vida es imprevisible e imperfecta. En este caso, el cambio era a nivel colectivo y de tal magnitud que a todos nos tomó por sorpresa: debí parar por completo mis planes, pues mis prioridades cambiaron, ya que la escuela de mi pequeña debió cerrar y nos adecuamos para que su educación se diera de forma virtual en casa, al tiempo que mi esposo empezó a teletrabajar.

En poco más de sesenta días, debimos reajustar todas nuestras rutinas, adecuar los espacios para las nuevas necesidades, redefinir nuestras formas de trabajo, aprender a ser maestros, sacar tiempo para nuestros proyectos personales y encontrar nuevas formas de contacto social y entretenimiento. Todo esto, tratando de gestionar nuestras emociones para propiciar un ambiente familiar sano en medio de la situación.

En la paradoja de la quietud, estábamos entre los privilegiados que nos podíamos permitir trabajar desde casa mientras como humanidad enfrentábamos inimaginables cambios, algunos de los cuales se venían dando con gradualidad y ahora eran acelerados por las circunstancias; profundas transformaciones, evidentes en la tecnología, el impacto en la economía y los comportamientos sociales. Lo que solíamos llamar «zona de confort» dejó de existir, lo cual nos obligó a aprender sobre la marcha para adaptarnos.

La pandemia de COVID-19 fue una experiencia transformadora, en particular, para quienes somos madres, ya que nos trajo desafíos únicos que, en buena parte, reflejan la incertidumbre con la que lidiamos a diario. Nos obligó a ser flexibles, versátiles y a encontrar soluciones creativas a problemas que no esperábamos. Habilidades esenciales para una madre autónoma, ya que cada día trae nuevos retos y la necesidad de equilibrar múltiples responsabilidades.

Esas responsabilidades se sumaron a las de mi emprendimiento *fintech*, que, contra todo pronóstico, despegó en ese mismo año. Se trataba de un proyecto al cual me habían invitado a asociarme años atrás y que, junto a los demás retos, me demandó dedicarle un mayor esfuerzo. No solo eso: por muchos motivos, aunque hasta ese momento cumplía un rol secundario dentro de la empresa, pasé a tomar un papel protagónico inesperado.

Entonces, manejar un emprendimiento y una incipiente carrera de escritora en medio de una pandemia, mientras cuidaba de mi hija y enfrentaba los desafíos diarios, requirió una gran dosis de resiliencia, conciliación y capacidad de adaptación. La pandemia trajo consigo un entorno incierto y complejo, similar al que enfrentamos como mamás, en el que estas capacidades y la creatividad son esenciales para superar los obstáculos.

De esta manera, el crecimiento inesperado que tuvo mi emprendimiento me enseñó la importancia de ser estratégica con mi tiempo y energía. Aprendí a priorizar tareas críticas, delegar responsabilidades cuando era posible y aprovechar al máximo cada momento disponible. La capacidad de sortear rápidamente las nuevas demandas del mercado y las necesidades de mi negocio se convirtió en una habilidad invaluable. Este éxito en medio de la adversidad reforzó la confianza en mi capacidad para equilibrar mis roles como madre y emprendedora, y me demostró que es posible prosperar incluso en las circunstancias más desafiantes.

Durante la pandemia, descubrí que muchas de las lecciones que aprendí no solo me ayudaron a navegar las circunstancias particulares de ese momento, sino que también me prepararon mejor para la vida en general y para mi rol como madre. Entonces, el valor de las pequeñas acciones pasó a ser un pilar fundamental de mi enfoque diario.

Bajo los recientes sucesos, ya no contaba con el tiempo ni con el silencio para concentrarme en escribir como lo había hecho con mi primer libro: ahora priorizaba la educación y cuidado de mi hija aún pequeña, mi emprendimiento y la escritura de mi segunda obra, entre los múltiples quehaceres que toda la situación me demandaba.

Así, lo que en principio me pareció abrumador y agotador, con el pasar de los días, se convirtió en *aceptación plena de la situación, lo cual dio paso a una nueva cultura de adaptación*, vital para consolidarme como autónoma.

Espacio y tiempo personales

En esencia, los seres humanos somos territoriales y se hace vital conservar nuestro espacio personal como una zona íntima que permita crear un ambiente propicio para que surja la creatividad. Lograrlo es un reto para muchas de nosotras por diversas causas, pero, durante ese año en especial, me pareció por momentos imposible, lo que sin duda aumentó mi nivel de malestar al percibir abrumado mi espacio, invadido mi tiempo y sentirme incapaz de gestionar mis límites. Sin embargo, había intervalos que sentía que bien podría destinar para mis proyectos, por lo cual, con intención, tuve que propiciar esos momentos para conectar conmigo misma y restaurar mi equilibrio.

Era realista acerca de que, por las demandas que enfrentaba a diario, no podía pretender tomarme días o grandes márgenes de tiempo, pero sí disfrutar de pequeños intervalos de calma y silencio en los que lograba validar, en principio, cómo me sentía, siendo consciente de los momentos en que tendía a priorizar a los demás y sus necesidades antes que a mí misma. En el pasado, estaba tan inmersa en mi rutina que sentía que no podía poner límites para tomarme un tiempo o tan agotada que, de forma inconsciente, no me lo permitía, lo que coartaba mi posibilidad de acometer cualquier proyecto.

La paradoja es que cuanto menos tiempo sentía que tenía para mí misma y para hacer lo que en realidad quería era cuando más lo necesitaba; lapsos en los que, de forma natural, aprendí a priorizar, empezando a poner límites al entorno y sus demandas. Al contrario de lo que muchas veces pensamos, saber poner límites nos permite ser mejores mamás. No es egoísta: es un acto de amor propio y hacia nuestra familia, ya que nos permite recargar energías y estar verdaderamente presentes en los momentos en que debemos estarlo.

Tener estos espacios cotidianos —una ducha tranquila; tomar en calma un café; leer en silencio; escuchar un audiolibro o un *podcast* mientras hago los quehaceres, practico yoga y medito, o mientras me dedico a una afición o a descansar, aunque solo sea por pocos minutos— hoy hace una gran diferencia; intervalos que en la actualidad son vitales y no sobrepasan los veinte minutos. Priorizo la frecuencia diaria sobre la duración y los realizo dentro de mis rutinas sin abstraerme de ellas, teniendo como única meta restaurar mi bienestar general.

Con el tiempo, son tantos los beneficios de reservar estos momentos para nosotras mismas que acabaremos derribando la creencia limitante de que una buena madre no puede dedicar tiempo a sí misma y nos liberaremos de la culpa. Comprenderemos que atender nuestras propias necesidades nos permite estar más presentes y comprometidas como mamás. Eso nos permitirá restaurar nuestro sentido de ser y nuestro equilibrio para ser más efectivas tanto en nuestra maternidad como en nuestras vidas personales y profesionales.

Como mamás, esos espacios son vitales porque nos permiten hacer los ajustes que necesitamos para desenvolvernos mejor en las situaciones diarias. Las pausas nos ayudan a mantener un buen estado de ánimo y a ser menos reactivas, más asertivas, lo cual nos convierte en mejores madres, ya que reduce nuestra carga de estrés y nos permite estar emocionalmente disponibles para nuestros hijos. Esa presencia plena y consciente enriquece el tiempo compartido y fortalece nuestro vínculo. Además, tenemos una mayor claridad para encontrar soluciones creativas, lo que nos posibilita construir un entorno favorable para dedicar tiempo a nuestros proyectos y disfrutar con plenitud del proceso.

Priorizar con conciencia

Para poder crear de nuevo un entorno favorable y sacar adelante mis proyectos, fue vital eliminar todo lo que sobraba con el fin de dejar espacio para lo que en realidad importa: el bienestar de mi hija, mi salud mental, y mis propósitos personales y profesionales. Con esto, mi existencia en esta abrumadora etapa se tornó más sencilla. Al tener claras las piedras angulares de mi vida, todo lo demás empezó de nuevo a estar alineado con lo fundamental.

En la práctica, esto me permitió hacer una limpieza profunda de todo aquello que, durante este periodo, me distraía y me desconectaba de lo crucial. En especial, siendo mamá, es fácil perderse en las demandas, y muchas veces el tiempo se escapa en actividades que no nos aportan, pero creemos necesarias en la rutina. Por ejemplo, la constante exposición a las redes sociales y las noticias, que no solo consume tiempo, sino que también afecta nuestro estado de ánimo y nuestra energía. Durante los días en que el bombardeo de noticias negativas parecía interminable, me di cuenta de lo importante que era, para mi bienestar y el de mi familia, ser muy selectiva con la información que dejaba entrar en mi vida.

Me preguntaba a mí misma: «¿Esta información realmente mejora mi día, me acerca a mis metas o simplemente me drena?». Al final, aprendí a apagar las notificaciones innecesarias, a asignar momentos específicos para revisar correos o mensajes, y a disminuir el uso de las redes sociales cuando sentía que no estaban aportando valor real.

Hacer estos ajustes fue fundamental porque me permitió conservar la energía y el enfoque necesarios para las cosas que realmente importaban, como estar presente para mi hija y poder avanzar en mis proyectos. Me di cuenta de que, aunque como madre mi tiempo es limitado, podía lograr más si me concentraba en lo esencial, dejando de lado lo trivial.

Este proceso me llevó a entender que el éxito no se mide por la cantidad de tareas que logramos hacer en un día, sino por la calidad y el propósito de esas acciones. Así, aprendí a dividir mis grandes sueños en pequeñas metas diarias, alcanzables y significativas, que me permiten avanzar de manera constante y sostenida hacia la vida que quiero construir, tanto para mí como para mi pequeña.

Interioricé que cualquier proyecto requiere también realizar tareas que, sin ser el objetivo principal, garantizan su progreso, y con las cuales debía tener especial cuidado porque tienden a desenfocarme, ya que debo aprender nuevas habilidades. En mi caso, eso sucedía en el campo de la tecnología y el mercadeo, con lo cual era importante lograr un sano equilibrio para no desatender mi propósito, que es escribir.

Ser consciente de mis prioridades en este crucial momento me permitió tener foco para concentrar mi intención y atención en cada tarea, entendiendo que, *aunque no iba a tener tiempo para todo, sí lo tendría para lo importante.*

Así, interioricé que mi sueño podía ser tan grande como yo quisiera, pero, para hacerlo una realidad, debía dividirlo en pequeñas metas alcanzables que me permitieran ir derribando los obstáculos para tener logros a diario. De esta manera, comprobé una vez más que *los resultados se obtienen no de hacer muchas cosas, sino de hacer pocas con calidad por medio de actividades secuenciales, mas no simultáneas, que tienen una real trascendencia.*

¿Hacerlo todo a lo grande?

Al priorizar, pude darme cuenta de que, aunque había empezado el año trabajando en múltiples proyectos nuevos, siendo práctica con el tiempo y la privacidad que requerían para su ejecución, solo iba a poder materializar unos pocos.

En otro momento de mi vida, con seguridad, hubiera sentido tanto abatimiento por esto que habría preferido no intentar nada al no poder hacer las cosas a lo grande, perfectas y de acuerdo con mis planes para cumplir con mis expectativas, sí o sí.

Esta creencia de «hacer todo a lo grande» fue para mí sinónimo de nunca hacer nada durante muchos años, porque el significado que yo le daba era contar con todo lo que suponía que necesitaba: el tiempo, los recursos, los conocimientos, la tecnología y encontrar el momento perfecto. Necesitaba que todo estuviera cubierto.

Así, planeaba todo con minucioso cuidado y trataba de controlar hasta el más mínimo detalle. Con esto no quiero decir que no debamos planear ni reducir nuestros riesgos, por supuesto que es una parte muy importante dentro de cualquier proyecto, pero, siendo honesta, no quería pasar mi tiempo preocupándome por todos los posibles escenarios negativos que se pudieran presentar.

El resultado de esta forma de ver los proyectos era que postergaba su inicio, porque planear no es hacer, pero yo tendía a confundirlos. Ahora, tengo claro que los imprevistos son parte inherente del proceso, y en realidad lo único que podemos controlar es la actitud con la que hacemos frente a las circunstancias y lo que decidimos hacer con ellas. Este cambio me permitió tener una perspectiva más amplia, abrir mi abanico de posibilidades y encontrar soluciones para fluir de la mejor manera con mis proyectos.

Al aceptar los cambios de planes y los sucesos imprevistos que se me presentaban cada semana, me surgieron nuevas ideas. La creatividad, la resiliencia y la innovación se abrían paso en medio del caos, producto en muchas ocasiones de la misma improvisación del momento.

Fue así como, a pesar de los grandes retos que se presentaban a diario, en medio de una pandemia, sin descuidar mis responsabilidades como mamá, me empeñé en las pequeñas acciones que tenían un impacto real en mis proyectos cada vez que tenía una oportunidad. Esto significó adaptarme constantemente a las necesidades de mi hija, quien ahora se educaba en casa, asegurándome de estar presente para acompañarla y brindarle la atención y apoyo que requería, mientras aprovechaba los espacios disponibles para avanzar en mis proyectos.

No fue sencillo, y a menudo implicó un gran esfuerzo personal, como lograr una total concentración y productividad en lapsos muy cortos de tiempo, que bien valieron la pena, pues dieron como resultado lo que hoy estás leyendo, producto de una fuerte determinación para hacerlo realidad: mi segundo libro, que, en esta nueva versión, ha sido adaptado para ti, para que puedas conciliar tus aspiraciones profesionales con tu maternidad.

Por lo tanto, te puedo decir que no esperes, porque *no existen las condiciones ni el momento perfecto, pues la vida misma es un camino de prueba y error donde lo único que importa es la sumatoria de lo que con decisión se hace de a poco, todos los días.* Comprender esto y encontrar este balance fue clave para progresar sin sentir que estaba sacrificando mi rol como madre y será también clave para ti, porque te demostrarás a ti misma que es posible construir una carrera mientras se cría a un hijo, incluso bajo circunstancias desafiantes.

Los hábitos que jalonan la vida

Lo que hoy hago todos los días —pequeñas acciones constantes y sistematizadas que priorizan lo importante y eliminan lo innecesario—, aunque en apariencia puede no ser el camino más rápido, he comprobado que es el más efectivo, porque me ha permitido acometer lo que antes creía que no podría lograr en años o incluso durante toda mi vida.

Así, logré constatar que mis sueños, por grandes que en un principio me han parecido, pueden hacerse realidad mediante pequeñas acciones, un paso a la vez, día a día, en tanto que los obstáculos también se van superando poco a poco. Además, estos avances me permitieron encontrar un ritmo que integraba de manera natural mis proyectos con mi rol de mamá sin sentir que una parte de mi vida estaba por encima de la otra. Es decir, me demostraron que es posible vivir y disfrutar plenamente de ambas facetas.

Esas pequeñas acciones, que hoy nacen de las prioridades que marcan los valores bajo los cuales quiero vivir mi vida, entre los cuales está la familia, con el tiempo se fueron convirtiendo en los hábitos que actualmente jalonan mis rutinas y hacen que mi moral crezca con los logros que obtengo a diario en mis proyectos personales.

En el pasado, no había podido construir esos hábitos porque tenían una connotación de sacrificio que me hacía verlos como una tortura, mientras que ahora tienen el efecto real de alcanzar resultados mediante las pequeñas acciones acumulativas.

Fue así como todo empezó a ser más fácil: fue fácil estar presente en la vida de mi hija; fue fácil comenzar a escribir media hora, una vez a la semana; fue fácil apagar las notificaciones de mis dispositivos para evitar interrupciones; fue fácil dejar mi teléfono a un lado en las comidas para estar presente en esos momentos con mi familia; fue fácil leer nueve páginas de un libro cada noche; fue fácil iniciar con diez minutos de yoga cada día; fue fácil meditar por cinco minutos en las mañanas; fue fácil escuchar un audiolibro durante los quehaceres.

De una en una, cada pequeña acción que realizaba influyó en la mejora de mi vida de manera exponencial. La constancia en estas actividades me hizo experimentar un sentido de logro tal que me motivó a incrementar de a poco no solo la frecuencia, sino la duración de las acciones. Lo hice bajo la premisa de que era fácil aumentar un minuto acá, cinco allá, agregar un día o una pequeña acción más, lo que con gradualidad se fue transformando en una total presencia en los momentos compartidos con mi familia, mayor conciencia en cada momento de mi día a día y mayor asertividad en mis relaciones.

Estas acciones me permitieron una progresiva mejora en mi salud mental, emocional y física, mayor concentración, una nueva habilidad adquirida, un sueño cumplido, una total realización y disfrute de la vida misma.

Así, poco a poco, todo se volvió más fácil una vez que me decidí a experimentar cómo diez minutos de acción podían llegar a transformar mi vida y acercarme a cumplir mi sueño.

Cada día me dediqué a trabajar en una tarea a la vez de un único proyecto que previamente había determinado como vital para ese particular año. Así, logré escribir un nuevo libro, pasar a la fase de crecimiento en mi emprendimiento y cumplir con todos mis compromisos. Con este sistema me aseguré de centrar mi foco y terminar lo que empezaba.

Por supuesto, hubo otros proyectos que debieron esperar en ese peculiar año, pero no sentí ningún remordimiento, porque parte de fluir con las circunstancias es aceptar que hay prioridades y todo tendrá su tiempo; una vez que llegue, podré dedicarme a ellos con toda mi energía y esfuerzo, con la flexibilidad de encontrar para cada contexto la forma de trabajar que mejor se adapte y funcione.

En estas inusuales circunstancias que nos tocó vivir, la coherencia de establecer qué era para mí lo importante, respetar mis valores y honrar mi manera de hacer las cosas me trajo calma y aumentó mi nivel de energía. Además, permitió que llegara a mi vida la inspiración, entendida como esa energía interior que no solo me fue útil para ese periodo, sino que hoy colma mis días con determinación y foco.

Estas pequeñas acciones, alineadas con los valores que rigen mi vida y los papeles que desempeño, y enmarcadas en una visión de largo plazo, definen mi agenda, basada en la eficiencia y con tiempos de cumplimiento realistas que me ayudan a crear gradualmente hábitos perdurables.

Viendo en retrospectiva esta experiencia, me percaté de que *lo más difícil fue empezar, pero, una vez que arranqué, esa acción de ayer la repetí hoy, y lo haré mañana y el día después.* ¿Requirió disciplina? Por supuesto que sí, pero, siendo honesta, dedicar unos pocos minutos de mi tiempo cada día en pro de cumplir mis sueños, disfrutar mi maternidad y vivir una vida bajo mis términos era el precio a pagar, y ¡yo estaba más que dispuesta a hacerlo!

¿Estás tú dispuesta a pagarlo?

Reconoce cuando tú eres el límite

Al trabajar por cuenta propia, hubo un momento en el cual, con humildad, tuve que dejar el ego a un lado y reconocer que no era buena en todo ni sabía de todo, en especial, en lo referente a la publicación de mis libros.

Si bien había habilidades que podía desarrollar y conocimientos que podía adquirir, en muchos casos, llegar al nivel que necesitaba me iba a tomar mucho tiempo, energía y dinero, lo que haría el camino lento, tortuoso y plagado de errores en consecuencia.

En ese momento, y de forma espontánea, empecé a armar equipo y tomé la decisión de delegar o tercerizar tareas con personas expertas. Así, sin importar que escribía yo sola, encontré especialistas que me apoyaron para hacer mi trabajo lo más eficaz y eficiente posible. Gracias a ello, pude concentrarme en lo que en realidad soy muy buena y aporta valor a mis objetivos.

En la actualidad, por fortuna, siento que pude reconocer de forma temprana que, si quería lograr el balance en todos los aspectos de mi vida, incluida mi maternidad, no podía con todo. Al principio, había en mi actividad ciertos gastos que consideraba prescindibles, por lo que intentaba «ahorrar» tratando de hacerlo todo yo misma. Sin embargo, el tiempo me demostró que cambiar esta mentalidad fue una inversión en el mediano y largo plazo.

Esta decisión me ha permitido tener mis libros publicados en muy corto tiempo gracias al trabajo de un maravilloso y brillante equipo de expertos que me hicieron visible el camino por el cual debía transitar. Además, extrapolé esta determinación de armar equipo en todos mis proyectos.

La cercanía con profesionales altamente calificados y la experiencia vivida durante el desarrollo del libro me llevaron a entender que, en el mundo complejo, incierto y cambiante en el que nos movemos hoy en día, estas personas se convierten en mentores que me permiten tener una mayor comprensión del contexto en el cual me muevo en cada uno de mis proyectos para gestionarlos con éxito.

Un equipo de expertos que no solo me ha ayudado a ver todo desde diferentes perspectivas, a aprovechar nuevas oportunidades, sino también a encontrar claridad en mis objetivos y a ganar confianza en mi propósito; su aporte como mentores ha sido y seguirá siendo un recurso que reconozco es invaluable.

CAPÍTULO 4
UNA VIDA BAJO TUS TÉRMINOS

Mientras escribía este libro, cumplí mi cuarto año como autónoma. Y en este punto te contaré que, aunque la venta de mis libros, en conjunto con otras actividades relacionadas, y mi emprendimiento representan para mí una fuente de ingresos, estas no son las únicas.

Mi ingreso proviene de diversas fuentes, entre las cuales una gran parte depende del sector inmobiliario. Sin embargo, para el mes de junio de 2020, producto de la crisis, ese ingreso ya se había reducido a la mitad y debía cumplir aún con mis compromisos.

Para mi fortuna, convertirte en mamá te lleva a replantearte lo que verdaderamente importa, a lo que no escapa nuestra relación con el dinero. Es necesario centrarnos en lo esencial y dejar atrás lo superfluo.

Este cambio profundo nos hace más conscientes de cómo gestionamos nuestros recursos, incluyendo nuestras finanzas. Al pasar de enfocarnos solo en nosotras a priorizar el bienestar de nuestros hijos, somos más estratégicas y prudentes con cada decisión económica.

Por tanto, hacía muchos años que había logrado mantener mi nivel de gasto a raya para contar con una reserva de dinero, con lo cual tenía la opción de tomar parte de mis ahorros, pero la verdad no quería verlos diluirse.

Sin embargo, al vivir durante muchos años por debajo de mis posibilidades, contar con este dinero me dio tranquilidad para esperar a que la situación mejorara, lo que con gradualidad se fue dando, incluso antes de lo que yo misma esperaba.

En ese crítico mes logré cumplir mis compromisos con unas regalías que recibí por la venta de mi primer libro y sin tener que tocar mis ahorros, ya que, con el confinamiento, al permanecer mucho más tiempo en casa, las personas aumentaron sus niveles de lectura.

Así, aunque mi primer libro no fue escrito para este particular momento, su temática les permitió a muchas personas tener una perspectiva diferente para fluir con el miedo y los desafíos de la pandemia de una mejor manera.

Meses más tarde, aún no había compensado el desfase en mis ingresos, pero empezaron a llegar las buenas noticias: logré firmar unos nuevos contratos que me permitieron recuperar parte de mis ingresos entre los meses de agosto y septiembre, lo que definitivamente fue un alivio.

Sin lugar a dudas, ese año no fue lo que nadie esperaba, pero, pese al sombrío panorama que se vislumbraba, no deja de sorprenderme la manera en la cual todo se fue desenvolviendo. Fue así como esta experiencia me hizo reafirmar que, pese a las dificultades, la vida que una vez soñé vivir, bajo mis propios términos, no solo era posible, sino resiliente y sostenible en el tiempo. De esta manera, más allá de un simple proyecto, uno de los objetivos principales es construir una vida en la que tu bienestar y el de tu familia estén entrelazados. Esto creará una base firme que no solo te permita prosperar, sino perdurar en el tiempo, lo cual te brindará la estabilidad y la libertad necesarias para hacer frente a los desafíos que la vida te presente.

¿Qué es suficiente?

Había aprendido mal. Se suponía que tenía que hacer dinero para ser feliz y me tomó más de tres décadas darme cuenta de que el camino era en contravía: ser feliz para hacer dinero.

Haber tenido el coraje de ir a contracorriente en un momento decisivo de mi existencia me hizo comprender que no podemos esperar para dar el primer paso, porque tal vez nos quedemos aguardando el resto de nuestras vidas. Sin esta certeza, mis días hubieran podido seguir transcurriendo en una monótona rutina, pretendiendo que tenía «todo», pero sin ser así, ya que no estaba viviendo como yo deseaba. Peor aún, lo estaría haciendo con el remordimiento de lo que hubiera podido ser, persiguiendo año tras año una alucinación de éxito que me hubiera costado lo que en realidad es primordial: mi salud, mi familia, mi propósito de vida. Todo esto, sacrificando el tiempo para mi hija y la posibilidad de estar presente en esos maravillosos años de su vida, viéndola crecer día a día. Sin encontrar, además, el valor real y el sentido de mi existencia, la posibilidad de vivir en libertad y mi tranquilidad, que son valores que van más allá de pagar las cuentas, sin querer decir, por supuesto, que esto no sea relevante.

Desde entonces, tengo claro que no se trata de tener, hacer y ser, sino de ser para hacer y luego tener. Sin desconocer la relevancia del dinero, porque de la buena relación que construyamos con este recurso dependerá mantener el estilo de vida que deseamos para nosotros y nuestras familias, pero sin que se convierta en un impedimento para tener total libertad de tomar decisiones.

Al determinar que esos eran los valores bajo los cuales quería vivir mi vida, todo lo superfluo en ella se fue decantando, tal como la acumulación material y el consumismo, lo cual contribuyó de paso a disminuir mi impacto ambiental y a que me acercara más a lo sencillo y natural.

Esta definición vital tuvo como resultado una existencia frugal que me da el suficiente margen de acción para priorizar mi satisfacción personal y mi libertad de decisión respecto a cómo vivir mi vida y qué hacer con mi tiempo. Establecer límites claros me permite disfrutar el estilo de vida que quiero llevar y encontrar la respuesta a la pregunta «¿qué es suficiente?». He dejado de comprometer mi futuro gastando mi dinero en gratificaciones triviales y pasajeras. He comprendido que, en el ámbito material, no necesitaba tanto como antes creía, lo que me permitió tener la flexibilidad para ajustarme a un menor ingreso del que antes creía necesitar, pero sin privaciones para vivir la vida que quiero, pasar el tiempo que deseo junto a mi familia y hacer lo que me gusta.

Hoy, el dinero está invertido en lo que considero trascendental para mí, la verdadera abundancia de mi vida, por lo que tengo el privilegio de dejar de correr para darme cuenta de que ya llegué a la meta.

Todo este vuelco que había dado a mi vida me hizo cambiar por completo de perspectiva: de ver un mundo de limitaciones —en el que vivir de lo que me gusta hacer y mantener a mi familia era imposible, ganar dinero implicaba mucho esfuerzo, y la felicidad se limitaba a momentos—, a permitirme ver una realidad de infinitas oportunidades, en la que todo lo que me rodea es abundante, puedo disfrutar a plenitud de mi maternidad y cada sueño es una posibilidad real.

Debido a este verdadero cambio de paradigma, ahora *la manera de generar dinero me da calidad de vida sin sacrificar el tiempo para mi familia, aunque para lograrlo se requiere tener muy claras las prioridades. Todo es cuestión de disfrutar lo que hacemos, integrar el placer en el trabajo y comprometernos a ofrecer nuestra mejor creación al mundo.*

Tú eres la responsable

Siempre me he considerado una persona responsable: llegaba puntual a trabajar, era consciente de mis obligaciones y actuaba de conformidad, cumplía con mis compromisos y pagaba mis cuentas. En contraste, me quejaba, juzgaba y culpaba a los demás y a las circunstancias por lo que no me gustaba en mi vida.

Así, por ejemplo, consideraba que el Gobierno no hacía un buen trabajo cubriendo mis necesidades básicas; que el Departamento de Tránsito era ineficaz solucionando los problemas de tráfico; que no había ascendido porque mi empleador no me valoraba; y tampoco emprendía proyectos personales porque, por mis demandas laborales, personales y mi maternidad, no tenía tiempo.

Siempre y de cualquier forma, llegaba a la conclusión de que las circunstancias o las demás personas eran las culpables y quienes debían cambiar para que mis problemas tuvieran una efectiva solución.

Por lo tanto, al considerar que la responsabilidad era de los demás, no me hacía responsable de mi propia vida. Aunque la forma en la cual actuaban no dependía de mí ni podía controlar las circunstancias, la actitud que tomaba y las acciones que emprendía frente a lo que me sucedía sí eran decisión mía. Sin embargo, al no asumir esa responsabilidad, dejaba que mi existencia quedara siempre a merced de las personas y las circunstancias.

Pude entenderlo muy bien una vez que el lupus llegó a mi vida, ya que, al ser una enfermedad crónica e incurable, aún con muchas incógnitas para la ciencia, no me dejaba muchas opciones; por fortuna, tuve la suficiente inteligencia para deducir que esta vez no tenían mucho objeto la queja o la culpa si quería mejorar mi calidad de vida.

Supe entonces que no me serviría de mucho jugar el papel de víctima, así que, una vez que fui mamá, me quedó totalmente claro que debía ser parte activa si quería un mayor bienestar para mí misma y mi familia. Fue así como, al asumir mi responsabilidad, se abrió ante mí todo un abanico de posibilidades y pude ver todo desde una nueva perspectiva: mis decisiones empezaron a ser diferentes, no solo respecto de mi enfermedad, sino de toda mi vida.

Entendí que ya hay pocos gobiernos en el mundo en los cuales podemos confiar, por lo cual mi bienestar presente y futuro dependerá de lo que yo haga; que, en lo que respecta a mi salud, impacta más el estilo de vida que decidí llevar que lo que puede hoy por hoy ofrecerme la medicina; que interiorizar el hábito de aprender de forma permanente y vivir siendo una aprendiz ha tenido un mayor impacto en mi educación que lo que los títulos alguna vez llegaron a ofrecerme; y que la flexibilidad de tiempo que deseaba para disfrutar con mi hija debía crearla yo misma.

Entonces, *haber asumido mi responsabilidad me llevó a recuperar el poder para transformar mi vida, toda vez que hoy soy artífice de mi propia existencia.* De esta manera, aunque años atrás tuviera un empleo que acaparaba la mayor parte de mi tiempo, lo cual era una innegable realidad, hoy sé que también lo utilizaba para crear todas las excusas que justificaban no tomar las decisiones que debía en coherencia con lo que en realidad quería hacer con mi vida. Por lo tanto, al ser consciente de eso, decidí no usar la maternidad como un pretexto más.

Por eso, mi responsabilidad personal empezó por entender el impacto de las decisiones que tomo, con la certeza de que cada una tiene una consecuencia y de que cada acto es definitivo en mi vida; incluso, no tomar una decisión en cierto momento es también una elección. De esta manera, recuperar mi poder de elegir confirió intención y sentido a mi vida. Un gran cambio de perspectiva que me permitió asumir mi maternidad con otros ojos.

Por consiguiente, pude ser consciente de que mi vida es el resultado de mis decisiones y acciones, mas no de mis circunstancias, y de que una existencia bajo mis propios términos depende de la capacidad de percibir esta realidad sin esperar a que otros me den la vida que merezco, sino adelantándome a crearla.

Vivir desde tu propósito

Para finalizar, quiero hacerte notar algunos aspectos de mi propia experiencia: lo primero, que fui a la universidad y obtuve títulos profesionales y de especialización, pero ninguno de ellos en lo que se suponía que debía haber estudiado para acreditar mi carrera como escritora. Y aunque soy de las personas que piensan que todo en la vida aporta, también reconozco que no han sido determinantes para mi actividad ni un precursor de éxito.

Tampoco provengo de una familia con una tradición emprendedora o creativa que me precediera para aventurarme en estas hazañas, como la de mi emprendimiento. Las conexiones en los medios donde me desenvuelvo ahora eran nulas y no poseía todos los recursos con los que se supone debía contar.

En adición, mi coeficiente intelectual está dentro del promedio y no soy una nativa digital, por lo cual he tenido que adquirir en el camino el conocimiento y las habilidades que necesitaba, lo que me ha convertido en una aprendiz permanente.

Me he equivocado y me sigo equivocando, y aunque vivimos en una cultura en la que se sataniza el error, ya no me asusta, pues ahora tengo la certeza de que es una señal inequívoca de que lo estoy intentando. Como muchas cosas en la vida, lo hago a base de prueba y error, pero ahora aprendo de las metidas de pata.

Aprendo y sigo adelante, disfrutando la vida a pesar de los desafíos. Vicisitudes que en un principio siempre son duras de trascender, pero que en el largo plazo han transformado mi vida y fortalecido mi resiliencia y mi carácter.

En el proceso, he aceptado que como ser humano tengo muchas debilidades, más allá de las inherentes y deducibles, derivadas de una enfermedad en mi caso particular. Sin embargo, ahora soy consciente de que las limitaciones reales que he encontrado se deben más a la herencia de una mentalidad cerrada.

Esa barrera mental me genera mucho ruido y me hace lidiar a diario con la incomodidad, el miedo, la inseguridad, la frustración, la decepción, la tristeza y todas las emociones posibles asociadas que se experimentan cuando uno se lanza a hacer algo nuevo y expande su zona de confort.

Hasta el momento no sé cómo volverme rica de la noche a la mañana, y aunque mi actividad creativa ya me genera un ingreso, no he abandonado el trabajo que realizo para mantener mis otras fuentes de ingreso, porque en conjunto todas me permiten vivir como quiero.

Tampoco puedo afirmar que lo que hago trae de la mano la fama, el prestigio o la opulencia. Pero *lo que ahora sé, con total certeza, es cómo vivir con plena abundancia siguiendo mi propósito.*

Un sentido de abundancia que trasciende lo material y ha llenado los vacíos que antes tenía y que me impedían explotar todo mi potencial, sentirme una persona realizada y estar satisfecha con mi vida; abundancia entendida como un estado positivo que me lleva a confiar en mis posibilidades con un sentido de misión.

Veo ahora un mundo de prosperidad con el cual vivo agradecida por lo que me brinda: la posibilidad de generar riqueza en infinidad de formas creativas, con un enorme potencial de grandeza cuando también genera valor a los demás.

Disfruto, además, del efecto colateral que tiene, ya que, en una sociedad que venera la vida rápida, para mí han quedado atrás las prisas. Ya no se trata del tiempo que toma llegar al resultado, sino de la alegría que despierta el proceso, con días llenos de novedad, en los que siempre hay algo que aprender, explorar y emprender, lo cual convierte la vida en algo más excitante, profundo y significativo.

Una vida significativa que conlleva grandes sueños, los que, al tener claro lo que es importante y perseverar con pequeñas acciones en el día a día, me levantan el ánimo y me mantienen motivada al ver el progreso.

Así es como, al perseverar, me he dado cuenta de que, donde hace un tiempo me daba por vencida, ahora ya he alcanzado el resultado, y el éxito que buscaba ¡estaba a un paso de donde había claudicado!

Todo esto te lo cuento para hacerte ver que tus circunstancias de vida no te definen ni determinan lo que puedes llegar a ser. Sin embargo, debes primero atreverte a crear una visión de vida más grande y ambiciosa, y con determinación actuar para hacerla realidad; debes vivir no a pesar de tus desafíos, sino a causa de ellos, transformando en un reto lo que crees que te limita.

Así, te reafirmo que no hay fórmulas mágicas ni secretos escondidos para lograr vivir la existencia de tus sueños; tengo la firme creencia de que, aunque puedes inspirarte, como lo hago yo a diario con lo que dicen, escriben, hacen o enseñan otras personas, todas las respuestas que buscas están dentro de ti y las vislumbras solo cuando actúas.

¡Saltemos al vacío sin ninguna garantía! Debemos confiar en que ahí estará el puente que nos llevará por el camino de sentirnos incómodas cuando no sabemos todo, no tenemos todas las habilidades ni contamos con todos los recursos. En esas ocasiones, nuestra parte racional lo rechazará de forma aguerrida, pero al mismo tiempo nos llevará a vivir con curiosidad —porque no todo está hecho, aunque creamos lo contrario—; nos invitará a hacer, a alcanzar y a vibrar con la incertidumbre y el reto para alimentar esa curiosidad que nos lleva a probar cosas distintas, a hacer lo que nunca hemos hecho, a explorar en un contexto cambiante y complejo en el que se vuelven insaciables las ganas de experimentar más, y cuanto más nos adentramos en él, más oportunidades encontraremos.

Entonces, más vamos a resolver de una manera diferente y más vamos a someter nuevos proyectos a prueba para innovar en nuestro trabajo y encontrar nuevas maneras de hacer las cosas de forma creativa y eficiente. En consecuencia, nuestras probabilidades de éxito aumentarán y, mediante la creatividad, lograremos construir una existencia gratificante, alucinante y extraordinaria por medio de cambiar la mentalidad, tener una rutina de trabajo y formar hábitos positivos de vida. Un camino que ahora para mí es obvio y fácil de seguir porque es fiel a mí misma.

En ese camino, todo puede ocurrir, y ocurre, por lo que la vida se convierte en una gran aventura en la que siempre hay algo más que experimentar si entendemos el enorme potencial de la reinvención permanente. Reinvención en la cual la maternidad, en su más pura esencia, no solo se convierte en un motor que trasciende la simple responsabilidad, sino también en una elección consciente que se alinea con el sentido de nuestra vida. Deja de ser solo un rol para transformarse en una expresión vivida desde el amor, que se entrelaza con nuestras aspiraciones personales y profesionales. Una manifestación de nuestra capacidad de nutrir, guiar y estar presente no solo para nuestros hijos, sino también para nosotras mismas, en nuestro camino hacia la autorrealización.

En ese camino, la maternidad se transforma en uno de los pilares sobre los que se construyen nuestros sueños e impulsa nuestro deseo de crear una vida en la que, acompañadas de nuestros hijos, podamos juntos prosperar. Una afirmación de nuestra autenticidad, una prueba de que podemos ser quienes somos en todos los aspectos de nuestra vida, sin comprometer nuestra libertad e identidad.

Así, una vez que empiezas, a través de los retos y la incertidumbre, te darás cuenta de que la maternidad, lejos de ser un obstáculo, es una fuente de fortaleza y propósito. Nos enseña a priorizar, a ser resilientes y a reconocer que nuestros más grandes sueños no solo son nuestros, sino que incluyen a nuestros pequeños, porque cada logro es más significativo cuando se comparte con ellos. Por lo tanto, puedes comprender que tu éxito de ahora en adelante no solo se mide por los logros, sino por la capacidad de vivir en armonía en todos los aspectos de tu vida.

¡GRACIAS!

Sé que, antes de elegir esta lectura, tuviste múltiples alternativas. Por ello, no tengo palabras para expresar lo agradecida que estoy de que te hayas decidido por esta obra.

Si te gustó mi libro y lo encontraste útil y enriquecedor para tu vida, me encantaría conocer tu opinión. Te agradecería mucho que compartieras tu testimonio. Tu reseña es muy valiosa, ya que ayudará a que más personas lo descubran y reciban su mensaje.

Puedes dejar tu opinión en Amazon.com tanto en la página del libro como en cualquiera de los siguientes apartados: «Opiniones de Clientes», «Customer Reviews» o «Write a Customer Review».

¡Gracias por tu apoyo!